미루는 사람을 위한
실행의 기술

미루는 사람을 위한
실행의 기술

토야마 미키 지음

정지영 옮김

노력과 의지 없이도
바로 행동하는 뇌 만들기

알에이치코리아

우리는 세상을 있는 그대로 보는 것이 아니라, 우리의 방식대로 본다. 다음은 마인드셋에 관련해 흔히 제시하는 예시다. 물이 절반 들어 있는 페트병을 봤을 때 어떤 생각이 드는가?

'벌써 반이나 마셨네'라고 생각하는가?
'아직 반이나 있네'라고 생각하는가?

큰 차이가 아닌 듯이 보여도 관점을 어디에 두는지에 따라, 기분도 행동도 놀랄 정도로 달라진다. 이런 차이는 업무나 공부 같은 과제를 눈앞에 둔 상황에서 더욱 두드러지게 나타난다.

또 다른 예를 들어보겠다. A와 B는 중요한 시험을 앞두었다. 현재 100쪽 분량의 문제집을 풀고 있다. 둘 다 50쪽까지 풀었다.

50쪽 끝냈다(시작부터 온 거리를 의식).

 50쪽 남았다(목표까지 남은 거리를 의식).

진행 상황은 동일하다. 하지만 바라보는 관점이 다르다. 만약 이렇게 상황을 파악하는 방법이 조금 달라지는 것으로 이후의 행동이 크게 바뀐다면 어떨까? 심리학 연구자들은 이런 생각의 차이가 행동에 어떤 영향을 미치는지 실험을 통해 밝혀왔다. 그리고 지금까지 알려진 바는 이렇다.

미세한 사고방식의 차이가 앞으로의 행동을 크게 바꾼다.

이 연구에 대한 세부 내용은 5일 차 강의에서 자세히 이야기하겠다. 지금은 그저 이렇게 생각하자. 누구나 행동으로 이어지는 사고 구조를 만들 수 있다고 믿는다.

이 책에서는 심리학적 지식을 바탕으로 '해야 한다'라고 생각하는 순간 바로 행동하는 사람이 되는 실천적인 전략들을 제공할 것이다.

심리학이라고 하면 어떤 이미지가 떠오르는가? 사람의 마음을 읽는 학문, 상담의 기술을 생각하는 사람이 많을 것이다. 하지만 심리학의 세계는 넓고 깊다. 일상의 모든 상황에서 심리학적 지혜를 활용할 수 있다.

의욕이 안 나.

또 아무 생각 없이 스마트폰만 들여다봤네.

해야 되는 걸 아는데 결심하기가 힘들어.

누구나 이런 고민을 해봤을 것이다. 우리가 자주 하는 고민에도 과학적으로 해명된 법칙과 메커니즘이 존재한다. 그런 법칙과 메커니즘을 알면 누구나 더 지혜롭고 편안하게, 효율적으로 행동할 수 있다.

나는 대학교에서 심리학을 가르치면서 특히 '동기 부여'에 관해 연구하고 있다. 심리학이라는 분야에는 조금만 노력하면 의욕이 놀랄 정도로 높아지는 흥미로운 발견이 많이 쌓여 있다. 심리학을 배우면 세상을 보는 방식도, 행동하는 방식도 확 달라진다.

이 책은 심리학의 기본을 배우고, 실생활에 심리 전략들을 활용하는 것을 목적으로 한다. 특히 다음과 같은 과제에 초점을 맞추고 있다.

- 행동으로 옮기는 일
- 꾸준히 하는 일
- 유혹을 이겨내는 일

그리고 이런 일들을 어떻게 극복해나갈지 탐색하고, 방아쇠를 당기듯 간단한 일로 생각을 행동으로 바꾸는 방법을 제시한다.

의지만 불태워서는
안 되는 일이 있다

귀찮다고 일을 자꾸 미루게 돼.

공부에 집중할 수가 없어.

다이어트는 또 3일 만에 실패야.

이런 고민을 하고 있지 않은가? 하지만 안심하기 바란다. 심리학 연구를 통해 해결책이 밝혀지고 있다.

어떻게 해야 행동할 수 있을까?

어떻게 해야 지속할 수 있을까?

이는 인류가 오랜 세월 직면해온 난제다. 그리고 이 문제를 해결할 열쇠는 자제력self-control이 쥐고 있다. 유혹을 참고 해야 할 일에 집중하는 힘, 한마디로 의지력 말이다.

"의지만 강하면 뭐든 할 수 있어!"

흔히들 이렇게 말한다. 하지만 정말 그럴까? 이와 관련된 실험 결과는 의외의 사실을 보여준다. 바로 의지력이 소모된다는 사실이다. 한 실험에서 참가자들의 눈앞에 초콜릿과 래디시(무)를 두고, 다음과 같이 지시했다.

- A그룹 → 초콜릿을 먹어도 된다.
- B그룹 → 초콜릿을 먹으면 안 된다. 대신 래디시를 먹어라.

그다음 두 그룹에게 어려운 퍼즐을 풀게 했다. 결과는 어땠을까?

- A그룹 → 초콜릿을 먹은 A그룹은 끈기 있게 계속 도전했다.
- B그룹 → 래디시를 먹은 B그룹은 바로 포기했다.

이 실험은 유혹을 견디는 데에는 의지력이 소모된다는 사실을 반증한다. 우리 마음의 에너지에는 한계가 있다는 의미다. '의지만 강하면 뭐든 할 수 있어!'라는 생각은 환상일지도 모른다.

의욕에 기대지 않는
효율적인 방법

노력은 미덕이라고 여겨진다. 그런 측면도 분명히 있다. 그런데 심리학 연구들은 다른 교훈을 알려준다. 기를 쓰고 노력하기보다 효율적으로 에너지를 사용하는 편이 훨씬 쉽고 생산적이라고 말이다.

우리는 매일 무의식적으로 많은 결정을 내린다. 그런 결정 하나하나가 의지력을 조금씩 소모한다. 그렇기 때문에 "해야지!"라고 의욕만 앞세워 극복하려는 것보다 올바른 노력법을 아는 것이 중요하다.

7일 동안 배우는 심리 전략으로
생각을 행동으로 바꾼다

이 책은 심리학의 실천적 지식을 7일 동안 하루에 한 주제씩 배우는 프로그램으로 이루어져 있다. 단기 집중 훈련을 위한 구성으로, 일상에서 바로 활용할 수 있는 내용이 가득하다.

1일 차에 배우는 것 - 자제력을 잘 다루는 비결

해야 한다고 마음은 먹는데 자꾸 미루는 이유는 무엇일까? 자제력과 의지력에 주목해서 미루기의 원인과 대처법을 납득이 가도록 설명하다

2일 차에 배우는 것 - 효과적으로 목표를 그리는 법

목표가 있느냐 없느냐에 따라 행동은 크게 달라진다. 그렇기에 목표 설정이 매우 중요하다. 특히 '일화적 미래 사고'나 '심적 대비'라는 심리 전략이 동기를 부여하는 데 얼마나 효과적인지 이야기한다.

3일 차에 배우는 것 - 행동이 자동으로 따라오는 계획 수립법

목표를 달성하려면 단순한 계획이 아니라 실행하기 쉬운 계획이 필요하다. 쉬운 계획을 세우는 심리 전략으로 '실행 의도'를 활용하는 방법을 다룬다.

4일 차에 배우는 것 - 무의식중에 행동을 자동화하는 비법

정신을 차리고 보니 이미 하고 있던 경험이 있지 않은가? 무의식이 행동에 미치는 영향을 파헤치고, 무의식의 힘으로 목표 달성을 촉진하는 실천법을 탐구한다.

5일 차에 배우는 것 - 목표 달성 과정을 지속시키는 동력

목표를 세우고 나서 달성하기까지 심리적 과정을 단계별로 설명한다. '새 출발 효과'나 '진행 상황 모니터링'이라는 심리 전략을 도입해 중간에 포기하지 않고 효과적으로 목표를 향해 움직이는 비법을 소개한다.

6일 차에 배우는 것 - 초점을 바꿔서 동기 부여를 높이는 방법

심리학자 토리 히긴스Tory Higgins의 성취 지향과 안정 지향 사고를 소개한다. 자신의 유형에 적합한 방법을 적용해 목표에 대한 의욕과 동기를 높이는 비결을 알려줄 것이다.

7일 차에 배우는 것 - 유혹을 이겨내는 법

마지막 날에 진행될 강의에서는 지금까지 배운 내용들을 되돌아보면서 자신이 해결해야 할 과제를 대면해본다.

여러분의 행동을 방해하는 유혹을 명확하게 특정하고, 극복할 구체적인 계획을 함께 생각해보자.

이 7일간의 강의가 여러분의 생각을 행동으로 바꾸는 데 많은 도움이 되길 바란다.

심리학이 그동안 미뤄왔던 인생을 바꿀 것이다

이 책은 심리학을 이론으로 제시하고 끝내지 않는다. 일상에서 어떻게 응용할 수 있는지, 구체적인 행동 전략과 바로 사용할 수 있는 심리 전략을 다양하게 소개한다. 또한 기존의 상식을 뒤엎는 놀라움 가득한 실험과 연구도 소개할 예정이다.

심리학은 단순한 학문이 아니라 우리 생활을 개선해주는 도구다. 7일간의 여행이 여러분의 행동을 바꾸고, 인생을 더 충실하게 만들 계기가 되길 바란다. 이제 함께 떠나보자. "해야 돼!"를 "이미 하고 있어!"로 바꾸는 여행을!

1일 차 강의

해야 한다고 생각하면서 왜 행동으로 옮기지 못할까?

2일 차 강의
작심삼일을 반복하는 사람이 첫날 결정해야 할 것

3일 차 강의
자동으로 행동이 따라오는 계획 수립법

4일 차 강의
무의식의 힘으로 행동 활성 스위치를 누른다

5일 차 강의
꾸준함을 동력으로 삼는 심리 전략

6일 차 강의
초점을 바꾸면 동기 부여가 달라진다

7일 차 강의

유혹이라는 장애물에 맞서는 비법

1

일 차 강의

해야 한다고 생각하면서
왜 행동으로 옮기지 못할까?

해보자고 결심했는데도
안 되는 이유

이런 후회를 해본 적이 없는가? '해야 되는데!'라고 생각한 것도 잠시, 손에는 스마트폰이 들려 있다. 아무 생각 없이 SNS 앱을 실행하고, 손끝은 스크롤을 하는 중이다. 시선은 화면에 고정되어 있다.

시간 감각이 희미해진다. 하겠다고 마음먹은 일은 의식의 깊숙한 곳으로 가라앉는다. 문득 정신을 차리고 시계를 보니 시간이 훌쩍 지났음을 깨닫는다. 또 하루를 낭비하고 말았다. 지금 바로 행동하면 되는데 움직이지 못하겠다. 해야 할 일이 있는데….

시험 공부를 해야지.

건강을 위해 러닝을 해야 돼.

집안일을 끝내야 하는데.

술을 줄여야 하는데.

이런 식으로 어떤 일을 해야 하는 상황은 매일 찾아온다. 하고 싶은 일을 참거나 하기 싫은 일을 처리할 때는 의지력이 필요하다. 의지력은 알기 쉽게 말하자면 충동을 억제하는 힘, 유혹에 지지 않는 힘이다. 심리학에서는 의지력을 자제력이라고 부른다.

자제력은 목표 달성에 필수적인 능력 중 하나며, 유혹을 이겨내고 다른 목표와 균형을 맞추면서 끈질기게 앞으로 나아가기 위해 꼭 필요한 힘이다. 차를 움직이려면 자원(휘발유)이 필요하듯이 자제력을 발휘하려면 마찬가지로 자원(마음의 에너지)이 필요하다. 이쯤에서 여러분도 잠시 생각해보자.

생각해보기

마음의 에너지에도 연료 부족 경고등이 켜질까?

마음의 에너지는 휘발유가 소모되는 것과 마찬가지로 사용하면 없어지고, 결국 엔진이 꺼지듯 완전히 우리를 멈춘다고(자제력을 계속 발휘할 수 없다고) 생각하는가? 아니면 자동차와 인간은 다르니까 자제력을 계속 발휘할 수 있다고 생각하는가?

1일 차 강의에서는 자제력의 정체를 밝히고, 목표를 향해 순조롭게 나아가는 요령을 살펴볼 생각이다.

마음의 에너지는
유한할까, 무한할까

심리학계에서는 마음이 에너지를 쓰면 소모된다고 생각하는 사람을 유한형, 마음의 에너지를 써두 소모되는 건 아니라고 생각하는 사람을 무한형이라고 부른다. 무한형은 마음의 에너지를 사용하면 소모되기는커녕 또 다른 활력으로 이어진다고 생각하기도 한다. 유한형과 무한형에는 모두 장단점이 있다. 우선은 각 유형의 특징을 이해하는 것부터 시작하자.

최근 20년 사이에 진행된 600개 이상의 연구에 따르면 사람은 처음 마주한 상황(과제)에서 자제력을 발휘하고 나면 그 후의 상황에서는 자제력을 발휘하는 힘이 약해진다는(수행 능력이 하락하는) 결과가 나타났다. 이런 현상을 심리학 용어로 '자아 고갈'이라고 부른다. 과제, 수행 능력, 자아 고갈이라는 조금 이해가 필요한 용어들이 등장했으니 이제 이와 관련된 심리학 실험을 하나 소개해보겠다.

달콤한 것을 참을 수 있을까?
: 초콜릿과 래디시 실험

자아 고갈에 관한 대표적인 실험을 조금 더 자세히 살펴보자. 이 실험[1]의 참가자는 공복 상태의 대학생들이었다. 학생들의 눈앞에 초콜릿과 래디시가 담긴 접시를 놓았다.

- 한쪽 그룹에는 래디시를 3개 먹으라고 지시한다.
- 다른 그룹에는 초콜릿을 3개 먹으라고 지시한다.

래디시를 먹은 그룹은 유혹을 참으면서 초콜릿에는 손 대지 않고 맛없는 래디시를 먹어야 하므로, 초콜릿을 먹은 그룹보다 더 많은 자제력을 썼을 것이다. 이후 양쪽 그룹에 자제력을 써야 하는 과제를 주었다. 아무리 열심히 해도 풀 수 없는 구조의 퍼즐을 풀라고 했다.

참가자들이 퍼즐을 포기하기까지 소요된 시간을 비교한 결과, 래디시를 먹은 그룹이 퍼즐 풀기를 빨리 포기했다. 이미 초콜릿을 참으면서 래디시를 먹느라고 자제력을 소모한 것이다.

자제력이 필요한 상황이 계속 이어지면 자제력이 고갈 된다. 그러면 다음에 자제력이 필요한 상황을 맞이했을 때 제대로 자제력을 발휘하지 못하게 되는 현상이 바로 '자아 고갈'이다. 이 실험 결과를 보면 어서 마음의 에너지도 휘발 유처럼 사용하면 소모되고, 자제력이 필요한 상황이 이어 지는 경우 이를 지속적으로 발휘하기 어렵다는 사실을 유 추할 수 있다.

초콜릿을 먹은 참가자

참지 말고
먹자!

자제력을 발휘했다.

래디시를 먹은 참가자

초콜릿을
참자!

자제력이 고갈되었다.

1-1. 초콜릿과 래디시 실험

무한형
: 쉬지 않고 계속 노력하는 사람

그런데 최근 자아 고갈을 보이지 않는 유형의 존재가 드러났다.[2,3] 바로 무한형이라는 유형의 사람들이다. 유한형은 앞서 말했듯이 첫 번째 상황에서 자제력을 발휘힌 후에 다른 과제를 맞이하면 과제 수행 능력이 떨어지는 자아 고갈이 나타났다. 반면 무한형은 자제력을 발휘한 직후에 또 자제력이 필요한 과제를 수행해도 능력이 유지되었다.

왜 무한형의 자제력은 계속 발휘되는지 메커니즘을 파헤치는 연구[4]도 진행되었다. 그 결과 '자원(마음의 에너지)은 유한하고, 자제력을 발휘하면 이후 소모된다'라고 생각하는 유한형은 자제력을 발휘하고 나서 휴식을 취하는 데 동기가 부여됨을 알 수 있었다. 쉽게 말해, '피곤하면 쉬고 싶어진다'라는 의미다.

피곤하면 휴식을 취하고 싶은 것이 당연한 말처럼 들리지만 무한형은 그렇지 않다. 무한형은 '자원은 무한하며 자제력은 발휘한다고 소모되는 것이 아니다'라고 생각하기 때문에 자제력을 발휘할 일이 있어도 휴식해야 할 필요성을 크게 느끼지 않는다. 그래서 무한형은 자제력을 사용해도 쉬지 않고, 자제력이 필요한 상황을 연달아 맞이해도 계속 노력할 수 있는 것이다.

- 유한형: 마음의 에너지가 소모된다고 생각하는 사람. 피곤하면 쉬고 싶어 한다.
- 무한형: 마음의 에너지가 소모되지 않는다고 생각하는 사람. 휴식하지 않고 계속 열심히 한다.

유한형과 무한형은 도대체 어떤 차이가 있는 걸까? 생각과 신념에 따라 마음의 에너지를 쓰는 방식이 바뀌면 유형도 바꿀 수 있는 걸까? 마음만 먹으면 누구나 자제력을 계속 발휘할 수 있는 걸까? 이 궁금증들을 해결하기 전 잠깐 쉬어가자.

자제력은 정말 측정할 수 있는 것일까?
: 마시멜로 실험

심리학계에서는 어떻게 자제력을 측정하는지 소개하고자 한다. 자제력은 직접 눈에 보이는 대상이 아니므로 어떤 사람을 보고 '이 사람은 자제력이 상하네!'라거나 '이 사람은 자제력이 눈곱만큼도 없네'라고 알아차릴 수는 없다. 그렇다면 심리학계에서는 눈에 보이지 않는 대상을 어떻게 측정할까?

앞서 자제력을 측정하는 과제로 초콜릿과 래디시 실험을 소개했다. 이는 자제력을 측정하는 실험 중 극히 일부며, 이 외에도 다양한 방법이 있다.

재미 있는 코미디를 보고 웃음을 참는 독특한 측정법도 있다. 이 실험에서는 일정 시간 동안 코미디를 보여주고, 몇 번 웃었는지를 측정해서 웃은 횟수를 자제력의 지표로 삼는다. 웃은 횟수가 적은 사람일수록 자제력이 강하다고 보는 것이다.

(a) 눈앞에 있는 마시멜로를 먹으면 안 된다.

(b) 재미 있는 코미디를 보고 웃음을 참는다.

(c) 얼음물에 손을 넣는다.

(d) 특정 문자를 빈칸으로 바꾸는 타이핑 과제를 한다.

believe

↓

b_li_v_

(e) 스트루프 과제를 한다.

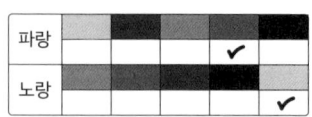

(f) 애너그램 과제를 한다.

심학리

↓

심리학

1-2. 자제력을 측정하는 과제들

스탠퍼드대학교 병설 유치원에 다닌 아이들

이제 마시멜로를 이용해서 자제력을 측정한 흥미로운 실험[5]을 소개하겠다. 1960년대에 스탠퍼드대학교의 심리학자가 진행한 실험이다. 실험 대상은 스탠퍼드대학교 병설 유치원에 다니는 4살 아이들 186명이었다. 실험자는 마시멜로 하나를 아이의 눈앞에 있는 접시에 올려놓고 이렇게 말했다.

"나는 잠시 볼일이 있어서 나갔다 올 거야. 15분 후에 돌아올게. 접시 위에 있는 마시멜로는 먹어도 돼. 그런데 내가 돌아올 때까지 그 마시멜로를 먹지 않고 기다리면 마시멜로를 하나 더 줄게. 내가 없는 동안 그걸 먹으면 두 번째 마시멜로는 안 줄 거야."

그리고 실험자는 방을 나간다. 상상해보자. 눈앞에 자신이 정말 좋아하는 마시멜로가 있다. 매우 유혹적이다. 아이들은 마시멜로를 더 받고 싶기 때문에 어떻게든 눈앞에 놓인 달콤한 유혹을 참으려고 한다. 하지만 지금 당장 마시멜로를 입에 넣고 싶은 충동에도 사로잡힌다.

이 실험에서는 15분 동안 참고 기다려서 두 번째 마시멜로를 손에 넣은 아이를 자제력이 강한 아이, 유혹에 넘어간

아이를 자제력이 약한 아이라고 평가했다. 자제력이 강하다고 평가된 아이는 3분의 1뿐이었다. 나머지 3분의 2는 실험자가 돌아오기를 기다리지 못하고, 눈앞의 마시멜로를 먹어서 자제력이 약하다는 평가를 받았다.

이후 추적 조사가 이루어졌다. 4살 때 마시멜로 실험을 통해 자제력이 강하다고 평가된 아이는 10년 후, 20년 후, 그로부터 30년 후 다양한 측면에서 성공한 것으로 나타났다. 그 아이들은 높은 교육 수준에 도달했고, 비만 지수가 크게 낮았으며, 이혼율이 낮았고, 행복하게 살고 있었다.

자제력을 측정하는 실험에서 아이들을 유혹하는 마시멜로를 사용한 방법은 꽤나 이치에 맞는 듯 보인다. 이 마시멜로 실험은 심리학계에서도 매우 유명한 실험이 되었는데, 여기에는 큰 함정이 있었다. 사실 이 실험의 결과가 모든 아이에게 해당되는 것은 아니고, 한정적인 결과라는 점이 최근 실증된 것이다.

특수한 환경에서 자란 아이들

마시멜로 실험의 대상자는 스탠퍼드대학교 병설 유치원에 다니는 아이들이었다. 미국에는 세계 대학교 순위에서

1일 차 강의

상위권에 오르는 명문 학교가 많은데, 스탠퍼드대학교는 그중에서도 최상위권에 속한다. 마시멜로 실험의 대상자인 아이들의 부모는 스탠퍼드대학교에서 일하는 교수거나 대학교에 다니는 학생이었다. 경제적으로나 사회적으로 풍족한 '특수 집단'이었다. 즉, 이 실험에 참가한 아이들 역시 상당히 특수한 집단이었다는 의미다.

마시멜로 실험의 대상자가 특정 십난에 편중되었다는 점에 주목한 다른 심리학자가 실험 대상자를 900명 이상으로 늘려 비슷한 실험[6]을 진행했다. 이번에 실험 대상이 된 4살 아이들은 인종, 민족, 부모의 학력이라는 요소에서 미국 국민 전체를 대표했다. 그리고 스탠퍼드대학교에서 진행된 실험과 마찬가지로 4살 아이들이 눈앞에 놓인 마시멜로를 먹지 않고 참을 수 있는지 관찰한 다음 아이들의 수행 능력(성적) 등을 추적했다.

그러자 스탠퍼드대학교에서 진행된 마시멜로 실험 결과는 재현되지 않았다. 다시 말해, 마시멜로 실험의 결과는 경제적·사회적으로 부유한 가정에서 자란 아이에게 한정된다는 사실이 밝혀진 것이다.

게다가 후속된 실험에서는 가난한 가정의 아이는 부유

한 가정의 아이에 비해 미래가 불확실하기 때문에 두 번째 마시멜로를 얻기 위해 참지 않는다는 결과가 나타났다. 가난한 가정의 아이들은 '오늘은 음식이 있어도 내일은 없을지 몰라'라는 두려움을 느끼는 경우가 많았다. 그래서 참고 기다려서 두 번째 마시멜로를 얻으려 하지 않고, 바로 눈앞에 있는 마시멜로를 확실히 입에 넣는 선택지를 골랐다. 그렇다면 두 번째 마시멜로를 손에 넣을지 말지를 결정하는 요인은 자제력의 정도가 아니라 가정의 수입이나 환경이 되고 만다.

스탠퍼드대학교에서 진행된 실험에서는 무엇이 잘못된 것일까? 실험에 참가한 대상자들에게 편중이 있었다는 점, 그리고 자제력을 측정하는 데 음식(마시멜로)을 사용했다는 점을 꼽을 수 있다. 음식을 사용하면 두 번째 마시멜로를 얻을지 말지가 자제력이 아닌 유복한지 가난한지 가정 환경의 차이로 정해지는 경우가 많기 때문이다. 가정 환경의 차이나 다른 요인에서 영향을 받지 않는 지표를 고려했어야 했다.

그렇게 생각해보면 1-2의 (b) '재미 있는 코미디를 보고, 웃음을 참는다'라는 자제력 측정 실험도 코미디를 얼마나 접하는지 평소의 환경이나 코미디에 대한 기호성이 결과에 영향을 줄 가능성이 있다. 따라서 심리학 실험에서는 가정 환경이나 다른 요인에서 영향을 받지 않는 표준적인 과제인 1-2의 (d), (e), (f)를 이용해 자제력을 측정하는 편이다. (d), (e), (f) 과제의 내용에 관해서는 앞으로 설명하겠다.

유한형과 무한형, 당신의 유형은?

이제 본론으로 돌아가보자. 자제력은 마음만 먹으면 무한정 발휘할 수 있을까? 아니면 자제력에는 한계가 있고 발휘할 때마다 소모되는 것일까? 지금부터는 내가 진행한 실험[7]을 소개하겠다.

먼저 실험에 참여해준 사람들에게 설문 조사를 해서 그 사람이 유한형인지 무한형인지 확인했다. 그때 사용한 설문지의 일부를 소개하겠으니 여러분도 자신의 유형을 확인해보자.

당신은 유한형인가 무한형인가?

여러분이 다음 행동을 한 직후라고 가정해보자.

- 유혹에 저항했다(예: 단것을 먹고 싶은 마음을 참았다).
- 자기 관리를 했다(예: 운동을 싫어하는데 살을 빼기 위해 러닝을 했다).
- 감정을 컨트롤했다(예: 화가 나는데 내색하지 않았다).
- 높은 집중력이 필요한 과제에 몰두했다(예: 어려운 수학 문제나 퍼즐에 도전했다).

다음 문장을 읽고 해당하는 것에 ○를 표시하자.

(1) 한동안 집중력이 필요한 다른 과제에 제대로 몰두하지 못했다.

(2) 다음 일에 착수할 때까지 잠시 쉬고 싶은 마음이 들었다.

(3) 기분 전환(예: 좋아하는 일을 하기)을 하거나 멍하니 있거나 단것을 먹어서 에너지를 보충하고 싶어졌다.

(4) 활력이 넘치는 것처럼 느껴졌다.

(5) 에너지가 생기면서 그 활동이나 과제를 계속하고 싶어졌다.

(6) 집중력이 많이 필요한 활동을 하면서 에너지를 얻은 것 같았다.

어떤 결과가 나왔는가? 전반(1~3)의 문항에 표시한 사람은 유한형, 후반(4~6)의 문항에 표시한 사람은 무한형이다. 참고로 나는 전형적인 유한형이다. 1~3에 ○가 붙고, 4~6에 ○가 붙지 않았다.

유한형 vs 무한형
: 두 유형의 자제력을 비교하는 실험

이제 내가 신행한 실험 내용을 살펴보자. 선문 조사 결과를 통해 유한형과 무한형으로 분류한 실험 참가자들에게 자제력이 필요한 3가지 과제를 시켰다.

타이핑

특정 문장을 타이핑하는 과제다. 다만 'e'는 타이핑하지 말고, 대신 스페이스 키를 눌러야 한다는 제약이 있다. 'e'를 누르고 싶어지는 충동을 억제하고 스페이스 키를 눌러야 하기 때문에 자제력이 필요하다.

스트루프

스트루프는 심리학 실험에서 자주 이용되는 과제다. 1-3을 보자. 왼쪽에 적힌 '파란색', '노란색'에 대응하는 색에 체크하면 된다. 이 책에서는 인쇄상의 이유로 색을 구분하기 어렵지만 실제로는 '파란색'이라는 글자가 빨간색으로, '노란색'이라는 글자가 초록색으로 쓰여 있다. 그래서 무심코 빨간색, 초록색 부분에 체크하고 싶어진다. 즉, 색에 반응하는 충동을 억제하고 글자를 봐야 하기 때문에 이 과제도 자제력을 꽤나 써야 한다.

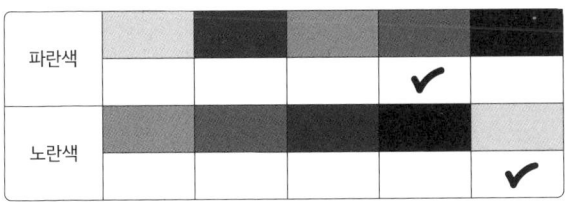

1-3. 스트루프 과제

애너그램

어떤 글자(예를 들어 '심학리')를 의미 있는 말로 바꾸는 과제다. 답은 '심리학'이 된다. 애너그램 과제 자체는 그다지 자제력이 필요하지 않지만 이 실험에서는 출제된 5개 문제 중 2개가 사실은 해결이 불가능한 문제다. 그래서 아무리 생각해도 정답을 도출하지 못한다. 물론 그 사실을 참가자들에게 알리지 않았다. 그래서 참가자들은 '생각을 멈추고 싶다', '포기하고 싶다'라는 충동에 사로잡힌다. 하지만 그 충동을 자제력으로 억누르고 과제에 몰입해야 한다. 이 또한 상당한 자제력이 필요할 것이다.

최선을 다하는 무한형,
힘을 분배하는 유한형

앞서 무한형인 사람은 자제력이 필요한 상황이 이어져도 꾸준히 노력할 수 있으므로 후속 과제의 수행 능력이 떨어지지 않는다는 실험 결과를 소개했다. 하지만 내가 실시한 실험에서는 약간의 세부 사항이 더해졌다.

과제 1이 끝난 시점에서 참가자들에게 다음과 같은 사항을 전달했다. 과제 3에서 자제력을 써야 한다는 사실을 미리 참가자들에게 예고한 것이다.

"앞으로 과제 2를 실시하고, 그 후에 과제 3을 진행합니다. 과제는 그것으로 끝입니다."

"과제 3은 고도의 집중력이 필요한 어려운 과제입니다."

무한형은 '자제력을 발휘해도 자원(마음의 에너지)은 고갈되지 않는다'라고 생각하기 때문에 눈앞의 과제에 전력으로 몰두할 것이라고 예상했다. 유한형은 어떨까? 유한형은 '자제력을 발휘하면 자원이 소모되어 결국 자제력이 약해진다'라고 생각했을 것이다.

과제 2를 시작하기 전에 실험자에게 예고한다.

과제 3은 고도의 집중력이 필요한
어려운 과제입니다.

유한형

무한형

과제 3을 위해
힘을 아끼자!

눈앞의 과제 2에
온 힘을 쏟아붓자!

1-4. 유한형 vs 무한형

그래서 "과제 3은 고도의 집중력이 필요한 어려운 과제입니다."라는 말을 들으면 유한형은 과제 3에 쓸 힘을 아끼기 위해 과제 2를 대충 끝내려고 마음먹을 수 있다. 실제로 과제 2가 끝난 시점에서 참가자들에게 다음과 같은 질문을 했다.

"과제 3을 위해 힘을 보존하는 것이 중요하다고 생각했습니까?"

"과제 3을 위해 힘을 보존하려고 했나요?"

그러자 유한형인 사람이 무한형인 사람보다 과제 3을 위해 힘을 아꼈다고 답한 비율이 높았다.

유한형은
노력을 조절한다

이제 실험 결과를 살펴보자. 과제 2에서는 유한형보다 무한형이 높은 성과를 보였다. 유한형은 과제 2에서 큰 힘을 쏟지 않았기 때문에 이는 당연한 결과라고 할 수 있다.

흥미로운 결과는 마지막 과제 3에서 나타났다. 여기서는 해결이 불가능한 애너그램 과제에 착수한 시간이 자제력을 측정하는 지표가 되었다. 과제 3의 결과는 어땠을까? 여러분은 이미 예상했을지도 모른다. 과제 3에서 측정된 자제력은 유한형이 무한형보다 상당히 높았다. 유한형이 더 끈기 있게 과제 3에 몰두한 것이다.

이런 결과를 통해 유한형은 '자제력은 발휘하면 소모된다'라고 생각하기 때문에 오히려 자원을 적절하게 배분하려고 한다는 사실을 알았다. 즉, 노력의 정도를 조절한다는 말이다.

반면 무한형은 '자제력은 발휘해도 소모되지 않는다'라고 생각하기 때문에 눈앞의 과제에 온 힘을 다한다. 무한형은 노력을 보존하려는 생각을 하지 않는다. 그래서 과제 3에서 자제력이 고갈되었고 성과가 낮았다.

- 칼로리가 높은 음식을 먹지 않는다.
- 몸의 동작은 참는다
- 집중력이 필요한 과제를 지속한다.
- 분노를 억제한다.
- 편견을 보이지 않는다.

- 금주나 금연을 한다.
- 다이어트를 한다.

우리의 일상은 자제력을 써야 하는 상황들로 가득하다. 그렇기 때문에 모든 상황에 같은 정도의 노력을 쏟는 것이 반드시 효과적이고 효율적이라고 볼 수 없다. 우선순위가 낮은 상황에 과도한 힘을 쏟으면 우선순위가 높은 상황에 필요한 힘을 배분하지 못할 가능성도 있다. 그렇게 생각하면 유한형인 사람이 오히려 상황에 적응적이라고 할 수 있지 않을까?

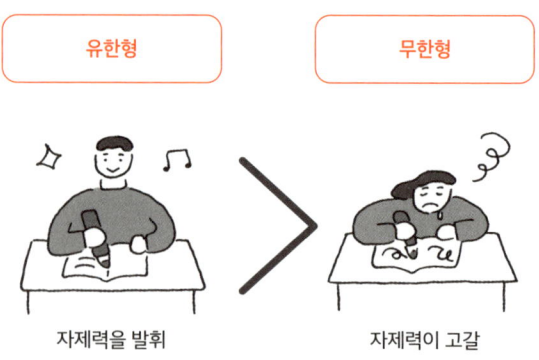

1-5. 과제 3에서의 자제력

휴식을 활용하는 방법
: 자제력을 조금 더 소모하는 실험

또 하나 내가 진행한 실험[7]을 소개하겠다. 앞서 소개한 실험과 흐름은 비슷하지만 이 실험에서는 자제력의 발휘 정도(소모도)가 낮은 조건, 높은 조건을 선정했다. 첫 번째로 타이핑 과제를 주었다.

자제력 소모도가 낮은 조건에서는 'e'를 타이핑하는 대신 스페이스 키를 누르라고 지시했다. 한편 자제력 소모도가 높은 조건에서는 제약을 두는 방법을 변경했다. 단락마다 빈칸으로 대체해야 하는 대상의 글자를 바꿨다. 예를 들어, 첫 번째 단락에서는 'e' 대신 스페이스 키를 누르지만 두 번째 단락에서는 'i' 대신 스페이스 키를 눌러야 한다. 첫 번째 단락에서는 'e'를 입력하면 안 되고, 두 번째 단락에서는 'e'를 입력할 수 있으나 'i'를 입력하면 안 되는 조건이다. 까다로운 과제라서 자제력이 꽤나 필요하다.

타이핑 과제를 마친 후 참가자들에게 "다음에 실시할 두 번째 과제는 집중력을 많이 필요로 합니다. 앞으로 원하는

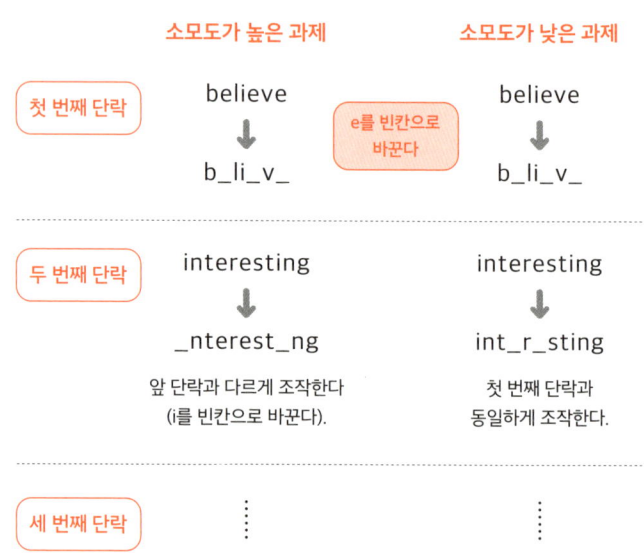

	소모도가 높은 과제	소모도가 낮은 과제

첫 번째 단락

believe
↓
b_li_v_

e를 빈칸으로
바꾼다

believe
↓
b_li_v_

두 번째 단락

interesting
↓
_nterest_ng

앞 단락과 다르게 조작한다
(i를 빈칸으로 바꾼다).

interesting
↓
int_r_sting

첫 번째 단락과
동일하게 조작한다.

세 번째 단락

⋮   ⋮

1-6. 자제력 소모도가 높은 조건과 낮은 조건

만큼 휴식을 취하고, 피로가 풀렸다고 생각되면 다음 과제
를 시작해주세요."라고 했다.

참가자들은 의자에 앉아 원하는 만큼 휴식했다. 이때 휴
식을 취하는 시간이 몰래 측정되고 있었다. 그리고 마지막
으로 다시 자제력이 필요한 과제를 수행하도록 했다. 이번
에는 스트루프 과제를 주었다.

유한형은
자원을 보충한다

다음 페이지의 1-7에 스트루프 과제의 결과를 표기했다. 주황색 막대 그래프가 무한형의 수행 능력 결과, 흰색 막대 그래프가 유한형의 수행 능력 결과다. 또 첫 번째 과제를 마치고 난 후 참가자들의 평균 휴식 시간을 말풍선에 적어두었다.

먼저 휴식 시간을 보자. 무한형은 유한형보다 휴식 시간이 짧았다. 그리고 다음 부분이 중요하다. 무한형은 자제력 소모도가 낮은 과제를 한 후에도, 높은 과제를 한 후에도 휴식 시간에 큰 차이가 없었다(각각 평균 1분 25초, 1분 36초). 이를 통해 무한형은 자제력 소모 징후에 둔감하고, 휴식으로 동기를 부여할 수 없다는 사실을 유추할 수 있다.

반면 유한형은 무한형보다 휴식 시간이 길고, 자제력 소모도가 낮은 과제를 한 후(평균 5분 28초)보다 소모도가 높은 과제를 한 후(평균 8분 49초)에 더 오래 휴식하는 것으로 나타났다. 즉, 유한형은 자제력 소모 징후에 민감하게 반응하고, 자제력이 소모된 사실을 감지하면 휴식을 취하는 데 동기가 부여된다는 점을 알 수 있다.

이제 스트루프 과제에서 보인 수행 능력을 살펴보자. 처음에 자제력 소모도가 낮은 과제(그래도 어느 정도의 자제력은 필요한 과제)를 실시한 경우에서는 휴식을 취한 다음 진행한 마지막 과제 결과에서 무한형과 유한형 사이에 차이는 없었다. 무한형은 평균 1분 25초라는 짧은 휴식을 취했음에도 평균 5분 28초로 길게 휴식한 유한형과 비슷한 과제수행 능력을 보였다. 이것이 바로 무한형의 강점이다.

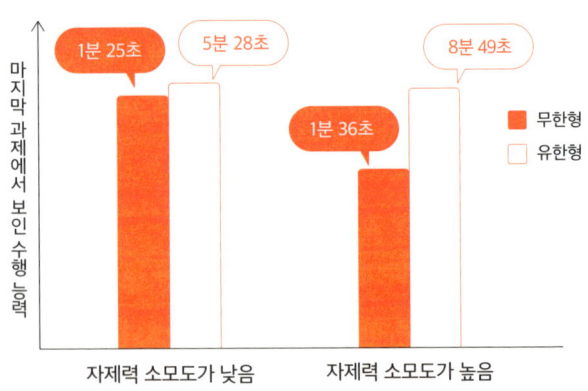

1-7. 스트루프 실험 결과

반면 처음부터 자제력 소모도가 높은 과제를 실시한 경우에서는 결과가 달랐다. 휴식을 취한 이후의 마지막 과제에서 유한형이 무한형보다 더 높은 성과를 보였다. 그리고 그 차이에는 휴식을 취하는 방법이 크게 관련되어 있다는 사실도 밝혀졌다.

무한형은 소모도가 높은 과제를 하고도 자제력을 발휘한 후에 충분히 휴식을 취하지 않았기 때문에 자제력이 또다시 필요한 마지막 과제의 성적이 좋지 않았던 것이다. 유한형은 자제력 소모도가 높은 과제를 수행한 경우에는 자발적으로 긴 휴식 시간을 가졌기 때문에 자제력을 회복할 수 있었고, 마지막 과제에서 높은 성적을 거둘 수 있었다.

자제력은 근육과 같다
: 무한형이 더 이상 노력할 수 없을 때

그렇다면 여러분에게 다시 묻고 싶다. 마음의 에너지는 사용하면 없어지고, 그러면 자제력을 계속 발휘하지 못하게 된다고 생각하는가? 아니면 마음의 에너지를 사용해도 사라질 리 없으므로 자제력을 계속 발휘할 수 있다고 생각하는가?

내가 진행한 실험들을 소개했는데, 실험 결과에서 알 수 있는 사실은 다음과 같다.

- 우리의 마음이 처리할 수 있는 자원의 양에는 한도가 있다.
- 한도를 넘으면 자원이 소모·고갈된다.

그래서 자원은 보존하고 보충해야 한다. 자원이 다소 소모되어도 무한형이 그렇듯이 의지력으로 어느 정도는 보충할 수 있다. 하지만 한계가 있다. 소모된 정도가 심하면 의지가 강해도 고갈된 자원을 제때 보충할 수 없다. 무한형은 일을 적당히 하거나 휴식을 취하는 일 없이 자제력을 계속 발휘한다. 그러면 자원의 소모가 빨라져 아예 고갈되고 만다. 그렇게 되면 아무리 본인이 열심히 하고 싶다는 마음이 있어도 계속 노력하지 못하게 된다.

심리학계에서는 자제력을 근육과 같다고 본다. 근육의 피로는 휴식을 통해 회복된다. 마찬가지로 자제력도 시간이 지남에 따라 회복된다. 자제력이 가장 약해지는 순간은 그것을 다 쓴 직후다. 그 순간에는 유혹이 매우 강하게 느껴지지만 시간이 지나면서 점점 유혹도 누그러진다. 괴로움이 절정인 순간이 지나면 자제력은 점차 회복된다. 이를 이해하면 자제력의 일시적인 소모에 제대로 대처할 수 있다.

아무리 강인한 의지의 소유자라고 해도 자제력을 계속 발휘해 자원이 고갈되면 결심한 바를 행동으로 옮길 기력이 생기지 않는다. 그 사람의 의지력이 부족하거나 약한 것이 아니라 자제력을 다 썼기 때문이다. 자원이 고갈되면 다시 보충하기 위해 휴식을 취하는 등 일정 시간이 필요하다.

내가 진행한 두 실험을 통해 무한형은 상황에 따라 행동을 조절할 수 없다는 점에서 부적응적일 가능성이 높다는 결론이 도출되었다. 자제력 소모의 정도가 가벼운 경우에는 마음의 에너지는 무한하다고 믿고, 계속 노력할 수 있는 무한형의 이점이 돋보인다. 하지만 자제력 소모의 정도가 심한 경우에는 무한형이 특징이 약점이 된다.

일상에는 자제력을 써야 하는 상황이 많다. 최근의 연구에 따르면 단순한 구매 판단이나 누군가에게 좋은 인상을 주려고 하는 행동처럼 사소해 보이는 일에도 사실 마음의 에너지가 상당히 소비된다고 한다. 이런 상황을 감안하면 오히려 유한형은 자원을 절약하거나 회복시켜 자제력을 적절하게 관리할 수 있는 유형의 사람이다.

자원을 고갈시키지 않도록
노력을 조절하자

우선 자원(에너지, 시간, 서포트)이 유한하다고 의식하는 것부터 시작하자. 자원이 유한하다고 인식해야 현명하게 관리할 수 있다. 자제력 발휘의 원천이 되는 마음의 에너지는 지나치게 많이 사용하면 한동안 사용이 불가능한 상태가 된다. 모든 일에 자제력을 발휘하면 그 후로 자제력이 필요한 상황을 맞닥뜨려도 힘을 제대로 발휘하지 못하게 된다. 그래서 우리는 가능한 한 자원을 효과적으로 사용해야(자원을 헛되이 사용하지 않아야) 한다.

무작정 노력을 계속해서는 최종 목표를 달성하기 어렵다. 자제력은 마음만 먹으면 얼마든지 발휘할 수 있는 것이 아니다.

효율적으로 노력을 조절하는 것이 중요하다. 의지와 의욕을 앞세워 극복하는 것이 아니라 자신을 다루는 법을 알고 실천해야 한다. 예를 들어 주의를 기울이거나 마음이 향하는 방식을 의도적으로 바꾸는 요령, 자연스럽게 행동하게 되는 방법 같은 것들 말이다.

1일 차 강의는 여기까지다. 2일 차부터 7일 차 강의에서는 목표를 달성하기 위한 효과적인 전략들을 살펴볼 예정이다. 누구나 할 수 있고, 일상에서 충분히 적용할 만큼 쉽다.

자, 이제 1일 차 강의를 읽느라 자제력이 고갈되었다고 느꼈다면 충분히 휴식한 다음 2일 차 강의에 들어가길 바란다.

일 차 강의

작심삼일을 반복하는 사람이
첫날 결정해야 할 것

그 목표에
의욕이 솟구치는가?

여러분은 지금 어떤 목표를 세우고 있는가? 특별한 목표
는 없다고 생각하더라도 잠시 기다려주기 바란다. 사실 우
리는 무의식중에 매일 다양한 목표를 세우고 있으니 말이
다. 목표라고 하니 새해 포부처럼 거창한 것을 떠올렸을지
도 모른다. 이를테면 '대학교에 합격한다', '자격증을 취득
한다', '회사에서 승진한다', '외모를 바꾼다' 등이 있다.

이런 것도 훌륭한 목표지만 심리학이 다루는 목표는 사
실 조금 더 친근하다. '○○한다' 혹은 '○○하지 않는다'라
고 마음속에 떠오르는 것이 전부 목표가 된다. '지각하지 않

는다'도 훌륭한 목표고, '일찍 일어난다', '빨래를 한다', '퇴근 후 스마트폰을 보지 않는다' 등 모든 것이 목표가 된다.

심리학자 에드윈 로크Edwin A. Locke는 "사람은 끊임없이 목표를 설정하고, 그 목표에 도달하려고 한다. 공부나 업무에 대한 동기 부여 및 그와 관련된 행동의 차이는 목표의 차이에서 유래한다."라고 말했다. 의욕이 별로 나지 않아도 목표가 설정되어 있으면 어떻게든 그 목표에 도달하려고 뛰어드는 것이 인간이라는 의미가 담긴 말이다. 여러분도 '이 과제는 오늘이 마감이야'라고 생각하면 초조해서 바로 행동할 것이다. 목표만 있으면 사람은 어떻게든 하려고 한다.

그러나 중요한 문제가 있다. 그저 목표를 세우기만 한다고 되는 건 아니다. 목표 설정만으로 모든 일이 제대로 돌아간다면 작심삼일이라는 말은 존재하지 않을 것이다. 에드윈 로크가 "동기 부여의 차이는 목표의 차이에서 유래한다."라고 말했듯이 목표를 어떻게 세우느냐에 따라 동기 부여는 크게 달라진다.

그렇다면 다시 질문하겠다. 여러분은 지금 목표를 지니고 있는가? 목표를 어떻게 세워야 의욕이 크게 달라질까?

동기 부여를 높이는 목표는?

목표를 어떻게 세워야 동기 부여를 높이거나 행동을 지속할 수 있을까? 예를 들어보자. 영어 공부를 열심히 하자고 생각했을 때 '이 문제집을 끝까지 풀자'라고 결심하는 사람도 있고, '토익에서 800점을 받자' 또는 '외국어 능력을 살릴 수 있는 부서로 이동하거나 이직을 하자'라는 목표를 그리는 사람도 있을 것이다.

다이어트 중이면 '○○kg을 감량한다'라는 목표를 세우는 사람도 있고, '일주일에 최소 3회는 헬스장에 가자', '입고 싶은 사이즈의 옷을 사겠다'라고 결심하는 사람도 있다. 어떤 목표를 그리는 사람이 잘되리라 생각하는가?

2일 차 강의에서는 해야 할 일을 달성하기 위해 전략적으로 목표를 세우는 방법을 설명하겠다. 최근의 심리학 연구에서는 머릿속에서 그리는 목표에 따라 동기 부여가 달라지고, 그 후의 행동도 달라진다는 결과를 밝혀내고 있다. 이제 그 비밀을 함께 찾아보자.

왜 목표가 행동을 바꿀까?
: 노력을 이끌어내는 격차의 힘

애초에 목표를 설정하는 일이 왜 중요할까? 일단 목표를 설정하면 현재 상태와 이상적인 상태와의 차이가 인식된다. 그 격차가 긴장 상태를 만들어내고, 사람은 긴장 상태를 해소하려고 하는 방향 즉, 목표를 향해 나아가려고 한다.

그리고 목표는 지향해야 할 방향성을 명확히 할 뿐 아니라 목표를 달성하는 데 필요한 노력의 정도를 조절해준다. 1일 차 강의의 키워드는 '노력을 조절한다'였다. 목표를 설정하는 일이 노력의 조절로 이어지는 것이다.

가령 영업 사원이 '자, 오늘 하루도 열심히 영업하자!'라고 막연히 생각하기보다 '오늘은 계약을 10건 따내자!'라고 목표를 세우면 달성을 위한 구체적인 계획과 노력의 정도를 생각하게 될 테다. 그러면 목표를 달성했을 때 더 큰 성취감과 기쁨을 맛보고, 더 큰 목표를 향해 행동하게 된다.

목표를 설정하면 행동의 방향성이 정해져서 노력을 조절하기도, 지속하기도 쉬워진다. 결과적으로 성적이나 실적의 향상으로 연결된다. 그렇다면 어떤 목표가 우리의 동기 부여를 높일까?

'많이 하는 것'보다 '매일 1시간씩 하는 것'이 목표에 가까워진다

첫 번째, 구체적으로 명확한 목표다. '공부를 많이 한다'라는 모호한 목표는 어디까지(혹은 언제까지) 공부하는지 확실하지 않다. 목표가 확실하지 않으면 사람은 안일한 쪽으로 생각한다. '이 정도면 되겠지'라는 생각이 자꾸 드는 것이다. 공부를 많이 한다는 목표는 명확하지 않기 때문에 결국은 '많이'에서 동떨어진 결과만 나오게 된다.

또한 모호한 목표는 그것이 달성되었는지 아닌지 알 수 없다. 공부를 많이 한다는 목표보다는 구체적으로 명확한 목표를 설정해야 훨씬 효과적이다. '매일 1시간씩만 공부한다'라는 식으로 말이다.

어느 요트 코치에게 들은 이야기다. 요트를 조정할 때 코치가 "로프를 힘껏 잡아."라고 지시해도 크루들은 힘껏 잡지 않는다고 한다. 그런데 "20초 동안 잡아."라고 하면 곧장 그 말을 열심히 따른다. 구체적인 숫자의 유무로 크루들의 움직임이 달라지는 것이다. 어째서 "20초 동안 잡아."라고 하면 열심히 하는 것일까?

답은 간단하다. 무엇을 해야 하는지 정확히 알면 적당히 하거나 스스로에게 '이 정도면 충분해'라는 변명을 할 수 없기 때문이다. 구체적이고 명확한 목표를 설정하는 일은 목표에 주의를 집중시키고, 목표 달성에 대한 동기 부여를 높여준다. 그리고 구체적인 목표를 설정하면 그 목표가 달성되었는지 아닌지도 한눈에 파악할 수 있다.

성공 확률이 50%일 때 의욕이 솟구친다

두 번째, 자신의 능력에 맞는 수준에서 도전할 수 있는 목표다. 여기서 실험[1]을 하나 소개하겠다. 초등학생을 대상으로 고리 던지기 게임을 시켰다. 아이들에게 다양한 거리에서 고리 던지기를 하도록 했다. 그때 거리마다 성공할 확률이 어느 정도라고 느끼는지 질문했다. 그다음 아이들에게 자유롭게 고리 던지기 게임을 즐기도록 하고, 실험자는 아이들이 어느 거리에서 고리 던지기를 하는 횟수가 많은지 계측했다.

아이들은 매우 어렵다고 느끼는 거리에서 고리 던지기를 하는 경우가 적었다. 매우 쉽다고 느끼는 거리에서 던지는 횟수도 적었다. 아이들이 가장 많이 선택한 시점은 성공 확률이 50%라고 느끼는 거리였다.

대부분의 사람들은 성공 확률이 낮은 행동에서는 의욕이 낮고, 성공 확률이 높아질수록 의욕도 높다. 하지만 이 실험에서는 성공 확률이 50%인 행동에서 의욕이 절정을 이루며, 그 이상으로 성공 확률이 높아지면(과제가 쉬워지면) 오히려 의욕이 떨어진다는 결과가 나왔다. 이처럼 성공 확률과 의욕의 강도는 역 U자의 관계에 있음을 알 수 있다 (2-1 참조).

핵심은 '어렵지만 가능한 목표'다. 어려운 목표를 선정하면 수행 능력이 높아지는 것 외에도 커다란 이점을 얻을 수 있다. 어려운 목표를 달성하면 자신감, 성취감, 만족감이 높아진다.

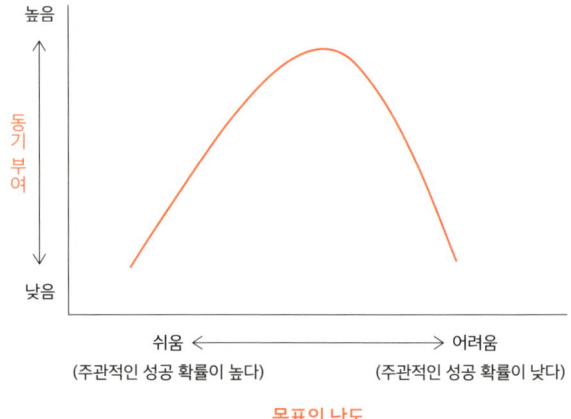

높음

동기 부여

낮음

쉬움 ← → 어려움
(주관적인 성공 확률이 높다)　　(주관적인 성공 확률이 낮다)

목표의 난도

2-1. 목표의 난도와 동기 부여의 관계

주의할 점이 있다. 자신의 능력을 훌쩍 뛰어넘는 어려운 목표를 설정하면 안 된다. 이런 목표는 불안감을 느끼게 하고, 무엇보다 목표를 달성할 수 없을 가능성이 크다. 너무 쉬운 목표도 안 된다. 너무 쉬운 목표는 달성 과정이 지루하고, 달성해도 성취감을 얻을 수 없다.

열심히 노력하면 가능할지도 모르는, 조금 어렵고 도전이 필요한 목표를 설정하면 의욕이 한층 솟아오르고 달성했을 때의 기쁨과 만족감이 최고치를 찍을 수 있다.

머릿속으로 미래를 미리 체험한다
: 일화적 미래 사고

　도전적인 목표를 구체적으로 설정했으면 이제 자신이 목표를 달성한 모습을 최대한 구체적으로, 마치 드라마나 영화의 한 장면을 보듯이 상상해보자. 이를 심리학에서는 '일화적 미래 사고episodic future thinking'라고 부른다. '일화'는 인생이나 경험에서 일어난 흥미로운 이야기를 뜻한다. 자신이 목표를 달성하는 미래를 생생한 장면으로 떠올리는 것이 일화적 미래 사고다.

　예를 들어 '10kg을 감량한다'라는 목표를 세웠으면 10kg이나 살을 뺀 모습을 상상하는 데서 그치는 것이 아니라 한 걸음 더 나아가본다. 주위에서 "살이 빠지니까 건강해 보인다!"라고 웃으며 말을 걸어주고, 그 장면 속에서 뿌듯함을 느끼는 자신의 모습을 떠올린다. 혹은 몸에 딱 붙은 옷을 입고, 거울 앞에 서서 활짝 웃는 스스로의 모습을 떠올려본다. 실제로 자신이 그 사건을 체험하고 있는 것처럼 장소, 시간, 주위 사람·상황, 자신의 행동 등을 가능한 한 선명하게 상상하는 것이다.

이처럼 목표를 달성한 미래를 일화로 생각하는 일에는 미래의 긍정적인 사건을 '선행 체험'한다는 특징을 포함한다. 즉, 일화적 미래 사고는 단순히 미래를 생각하는 일을 넘어 현재의 자신을 미래의 자신에게 투영해(바꿔서) 어떤 사건을 미리 경험하는 일이다. 이런 일화적 미래 사고가 목표 달성에 효과적인 이유는 무엇일까?

일화적 미래 사고의 효과
: 학습 의욕을 비교하는 실험

우리 연구진이 진행한 실험[2]을 소개하겠다. 참가자들은 대학생이다. 먼저 '졸업 후에 어느 정도의 영어 능력을 얻고 싶은가?'라는 질문을 하고 이에 따르는 목표를 기재하게 했다. 일본의 대학생 중 상당수는 전공과 관계없이 영어를 배운다. 업무, 여행, 국제 교류 등 실용적인 이유가 대부분일 것이다. 이런 실용적인 목표가 있으면 목표를 달성했을 때의 상황을 구체적으로 상상하기 쉽다.

그래서 이 실험에서는 대학생들의 목표를 영어로 설정해서 일화적 미래 사고가 영어 학습의 의욕에 어떤 영향을 주는지 조사했다. 우리는 ① 일화적 미래 사고 그룹, ② 단순한 미래 사고 그룹, ③ 통제 그룹이라는 3개의 그룹을 준비하고, 참가자들을 각 그룹에 배정했다.

① 일화직 미래 사고 그룹

자신이 기재한 목표대로 영어 능력을 키운 다음 영어를 활용하는 장면을 상상하도록 지시했다. 그 후 2분 동안 눈을 감고, 실제로 그 사건을 체험하는 것처럼 장소, 시간, 주변 사람·상황, 자신의 행동 등을 최대한 선명하게 상상하도록 했다. 그리고 3분 동안 상상한 모습을 가능한 한 구체적으로 쓰라고 지시했다.

② 단순한 미래 사고 그룹

선행 체험을 해보는 일화적 미래 사고를 해야 학습 의욕이 높아지는 효과가 있다는 점을 보여주려면 일화적 미래 사고와 선행 체험을 동반하지 않는 미래 사고를 비교해야 한다. 그렇지 않으면 일화적 미래 사고가 목표 달성으로 이어진다고 해도 그 결과가 단순히 미래를 생각해서 나온 효과일 가능성을 배제할 수 없다.

그런 가능성을 제거하기 위해 '단순한 미래 사고 그룹'을 준비했다. 단순한 미래 사고 그룹에게는 졸업 시점의 자신에 대해 자유롭게 상상하라고 했다. 구체적으로 아래와 같은 예시를 20개 제시하고, 빈칸을 자유롭게 채우도록 해서 졸업 후의 미래를 생각하도록 유도했다.

대학교 졸업 후 나는 _____.

참고로 졸업할 때의 자기 모습은 다양하게 생각할 수 있다. 예를 들면 낙제해서 졸업을 하지 못한다는 모습도 상상할 수 있지만 이번 실험에서는 일화적 미래 사고에 맞추기 위해 긍정적인 모습만 떠올리도록 한정해서 지시했다.

③ 통제 그룹

통제 그룹은 아무 개입도 받지 않는 비교 집단을 말한다. 여기에서는 미래의 자신을 생각하는 과정을 거치지 않는 집단이 통제 그룹이 되었다.

그룹 ①
일화적 미래 사고

영어 능력을 습득한 자신이
영어를 활용하는 상황을
상상해서 기재한다.

그룹 ②
단순한 미래 사고

선행 체험을 동반하지 않는
미래를 그려본다.

대학 졸업 후

나는 _____

_____ .

그룹 ③
통제

연구와 관계없는
설문 조사에 답한다.

2-2. 일화적 미래 사고의 실험

그러나 "미래의 자신에 대해 아무 생각도 하지 마세요."라는 말을 들으면 오히려 더 생각하게 된다. 그래서 미래의 자신을 생각하지 않도록 이 연구와는 관계없는 설문 조사에 답하게 했다.

각 그룹에 해당되는 내용을 답변하게 한 뒤에 앞으로 일주일 동안 영어 실력 향상을 위한 학습과 정보 수집에 어느 정도의 시간을 쓸 예정인지 기재하도록 했다. 이 실험에서는 학습 시간을 목표 추구의 정도를 나타내는 지표로 삼았다.

일화적 미래 사고가
행동을 촉진한다

결과를 알아보겠다. 2-3을 보자. 이 그래프를 보면 분명히 일화적 미래 사고 그룹이 다른 두 그룹보다 목표를 추구하는 정도가 더 강하다는 사실을 알 수 있다. 단순히 미래를 상상만 하는 것에서 나아가 목표를 달성한 미래를 선행 체험하는 일이 목표 달성을 촉진하는 것이다.

2일 차 강의

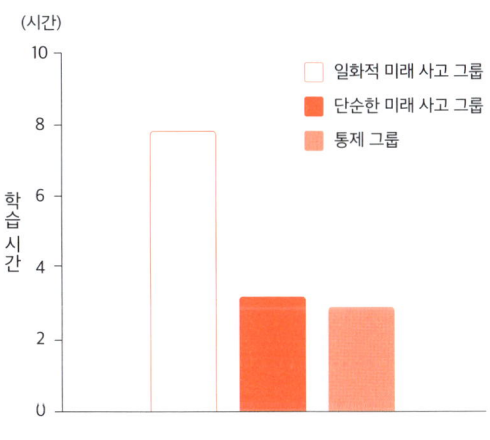

2-3. 일화적 미래 사고 실험의 결과

어째서 일화적 미래 사고가 목표 추구를 촉진할까? 일화적으로 상상하는 것은 어떤 작용을 할까? 다시 말하지만 일화적 미래 사고는 언제, 어디에서, 어떤 상황에서, 어떻게 일어날지 상상해서 미래의 사건을 미리 경험하는 일이다.

심리학계에서는 이렇게 시간을 초월한 사고를 '정신적 시간 여행mental time travel'이라고 부른다. 시간 여행이라는 표현이 멋지다. 정신적 시간 여행은 미래나 과거의 경험을 가능하게 해서 '미래나 과거의 자신'과 '현재의 자신'이 연결되어 있다는 감각을 제공한다.

일화적 미래 사고는 미래를 향한 정신적 시간 여행이다. 현실 도피나 백일몽의 한 형태가 아니라 현재의 자신과 미래에 실제로 느끼거나 행동할지도 모르는 자신을 연결시키는 심리 전략이다. 일화적 미래 사고는 상상 속 미래의 자신이 되도록 현재의 행동을 촉구한다. 이 전략을 이용하면 목표를 달성한 미래를 좇아 행동하도록 동기 부여를 높일 수 있다. 여러분도 자신의 미래를 향해 시간 여행을 떠나 보지 않겠는가?

Break Time

정신적 시간 여행을 떠나보자

잠시 환기 시간을 가져보자. 정신적 시간 여행을 조금 더 자세히 설명해보고자 한다. 당연한 말이지만 현재의 직접적인 경험은 '지금, 여기에 있는 자신'에 한정된다. 하지만 우리는 시간적·공간적으로 떨어진 상황을 상상하고, 다른 관점을 받아들여 가설에 가까운 상황을 생각할 수도 있다.

대체된 상황에 자기 자신을 투영하는(전환하는) 일이 가능하다는 의미다. 머릿속으로는 지금(시간)을 넘어 매머드와 함께 사는 구석기 시대도, 수억 년 후 생명체가 절멸한 먼 미래도 상상할 수 있다.

현실을 뛰어넘는 내용은 시간에 한정되지 않는다. 예를 들어 지금 내가 이 원고를 쓰고 있는 상황은 폭염이 이어지는 한여름인데, 머릿속으로는 시원한 피서지에서 아이스크림을 먹고 있는 내 모습을 그리는 중이다. 상쾌한 바람이 불어오고, 눈앞에는 아름다운 경치가 펼쳐져 있다. 이것은 여기(공간)를 넘어선 여행이다.

이 외에도 동경하는 인물을 마음속에 그리면서 '나였으면…' 하며 상상하거나(이런 상상은 자신(시점)을 뛰어넘은 여행이다) 아침에 일어나서 '내가 마법사가 되었다면…'이라고 가설에 가까운 상황을 상상하는(이런 상상은 현실을 뛰어넘은 여행이다) 식으로 시간, 공간, 시점, 현실을 뛰어넘어 머릿속으로 비현실적인 여행을 떠나는 일도 가능하다. 이렇게 현실과 동떨어진 상상들을 모두 통틀어 정신적 시간 여행이라고 부른다.

정신적 시간 여행은 창의력을 높인다

정신적 시간 여행처럼 현재 체험하고 있는 것에서 벗어나 시간적·공간적·시점적·가설적 상황에 스스로를 투영하는 행위는 인간 특유의 능력이다.

내가 실시한 연구[3]에서는 정신적 시간 여행을 통해 창의력을 향상시키는 것이 가능하다는 결과가 나왔다. 뭐든지 상상하면 된다는 단순한 이야기가 아니다. 창의력을 높이려면 평소에는 상상하지 않는, 그리고 상상하기 어려운 사건으로 정신적 시간 여행을 떠나야 한다.

예를 들어 전철에 타고 있는 자신, 일주일 후에 일어날 일, 파트너의 생각을 상상하는 일처럼 현실에 가까운 정신적 시간 여행은 비교적 쉽게 할 수 있다. 이에 반해 해저 도시에 사는 자신, 다음 세기의 생활, 미국 대통령의 생각을 상상하는 일처럼 현실·경험과 동떨어진 정신적 시간 여행은 쉽게 하기가 어렵다. 하지만 그렇게 평소 생각하지 않으면서 좀처럼 상상하기 어려운 내용을 일부러 상상해야 창의력이 높아진다. 내가 실험을 진행하면서 참가자들에게 제시한 정신적 시간 여행의 내용은 다음과 같다.

- 100년 후의 우리나라는 어떤 모습일까(시간적인 정신적 시간 여행).
- 화성에서 사는 나는 어떤 모습일까(공간적인 정신적 시간 여행).
- 대통령이 되어 국회에서 연설하는 나는 어떤 모습일까(시점적인 정신적 시간 여행).
- 만약 대륙이 분단되지 않았다면 어떤 모습일까(가선적인 정신적 시간 여행).

여러분은 이렇게 '지금, 여기에 있는 나'를 뛰어넘어 상상해본 적이 있는가? 그래본 적이 없는 사람은 꼭 위의 4가지 정신적 시간 여행을 경험해보기 바란다. 일본의 동물심리학자 마쓰자와 데쓰로松沢哲郎는 "침팬지는 미래를 상상하지 않기 때문에 절망하지 않지만 인간은 쉽게 절망한다. 하지만 그만큼 미래를 상상하는 힘이 있으므로 인간은 희망을 품을 수 있다."라고 말했다.

우리가 평생 경험할 수 있는 사건은 극소수에 불과하다 하지만 다행스럽게도 우리에게는 직접 경험할 수 없는 일을 상상하는 힘이 있다. 상상력이라는 인간이 지닌 힘을 발휘해 때로는 자신과 주변 세계에서 벗어나보자. 멀리 떨어진 관찰자의 시점을 받아들여 현재의 순간·경험을 초월하는 여행을 떠나보기를 추천한다.

장밋빛 미래만
그리지 마라

이제 본론으로 돌아가자. 목표를 달성하려면 달성한 자신의 모습을 최대한 구체적으로, 하나의 장면으로 상상하는 것이 효과적이라고 설명했다. 다만 달성할 가능성이 높은 목표에 한해서다. 이를테면 '눈앞의 과제를 끝내겠다' 같은 목표가 해당된다.

목표 달성이 쉬운지 아닌지는 사람마다 다르다는 점이 문제다. '눈앞의 과제를 끝내겠다'라는 목표가 어떤 사람에게는 매우 어렵게 느껴질 수도 있다. 따라서 달성하기 어렵다고 생각하는 목표를 놓고 단순히 장밋빛 미래만 그리면 달성 가능성이 낮아진다.

프로 축구 선수가 되겠다는 목표를 예로 들어보겠다. 한 사이트에 따르면 2020년에 축구를 하는 일본의 인구는 약 75만 명이다. 그중 J리그 1~3부 선수와 해외에서 뛰는 선수를 더해도 프로 축구 선수는 약 1,700명 정도다. 프로 축구 선수가 될 확률은 약 0.23%다. 그러니까 약 441명 중 1명이라는 좁은 문을 통과해야 한다. 이처럼 달성하기 매우 어려운 목표를 세우고 'MVP 인터뷰를 하는 모습'이나 '화려하게 골을 넣는 모습'을 아무리 구체적으로 그려도 달성 가능성은 매우 희박하다.

분명 장밋빛 미래를 상상할 때는 기분이 좋을 것이다. 하지만 단지 꿈만 꾸고, 그 꿈을 이루기 위한 구체적인 행동이 이어지지 않는다면 목표를 달성하지 못한 실망감에 시달리게 된다.

이상과 현실을 동시에 그린다

달성하기 어려운 목표를 설정할 때 중요한 전략이 심적 대비mental contrast다. 심적 대비란 바람직한 최종 목표의 상

2-4. 심적 대비

태(이상)를 마음에 그리고, 그 목표를 달성하는 데 방해가 되는 현실적인 장애물도 함께 생각하는 방식이다. 미래의 비전을 상상하면서 현재를 현실적으로 평가하고 대비하는 것이다.

2-4를 보자. '원하는 대학교에 합격한다'라는 목표에 대한 심적 대비는 어떤 모습일까? 먼저 합격자 리스트에서 자신의 수험번호를 발견하고 친구들과 함께 기뻐하는 모습이나 꿈에 그리던 캠퍼스를 걷고 있는 자신의 모습을 상상한다. 한편으로 졸음을 이기지 못하고 책을 덮는 모습이나 유

혹에 넘어가 어느새 게임에 몰두하는 자신의 모습 등 목표 달성을 막는 요인도 떠올린다.

바람직한 최종 목표의 상태를 그리는 것이 좋다는 이야기는 이미 언급한 대로다. 하지만 달성하기 어려운 목표는 목표를 달성한 이후의 상황을 그리는 것만으로 충분하지 않다. 그럴 때는 목표 달성 이후의 모습과 동시에 목표 수행·달성을 방해하는 요인을 함께 떠올려야 한다.

3가지 이미지 트레이닝
: 심적 대비 실험

내가 진행했던 또 다른 실험[4]을 소개하겠다. 이 실험은 대학생 약 1,000명을 대상으로 했다. 먼저 참가자들에게 올해 달성하고 싶은 중요한 학업 목표를 하나 꼽도록 했다. 토익에서 800점 맞기, 학점 평균 3.5 이상으로 받기, 무사히 졸업하기, 국가 고시에 합격하기 등 다양한 목표가 있었다.

그리고 목표를 달성할 가능성이 얼마나 있다고 생각하는지 물었다. '1은 달성할 가능성이 전혀 없다, 7은 달성할 가능성이 매우 크다'라고 점수를 책정했다. 이 물음에서 달성할 가능성이 큰 목표를 '쉬운 목표', 달성할 가능성이 적은 목표를 '어려운 목표'라고 명명했다. 이어서 참가자들을 다음의 3개 그룹으로 나눴다.

① 긍정적인 결과를 상상하는 그룹
→ 목표를 달성했을 때 예상되는 긍정적인 결과를 2가지 꼽도록 했다.
② 장애물을 상상하는 그룹
→ 목표 달성에 걸림돌이 되는 부정적인 요인을 2가지 꼽도록 했다.
③ 심적 대비 그룹
→ 긍정적인 결과, 부정적인 요인을 1가지씩 꼽도록 했다.

예를 들어 어떤 사람의 목표가 자격증 시험에 합격하는 것이라고 해보자. 목표를 달성했을 때 예상되는 긍정적인 결과로 시험에 합격해서 자신과 주변 사람들이 기뻐하는 모습이나 자격증과 관련된 직업에 종사하고 있는 모습 등을 생각할 수 있다(물론 떠올리는 내용은 사람마다 다르다).

그룹 ① 긍정적	
긍정적인 결과를 상상한다.	

그룹 ② 장애물	
장애물을 상상한다.	

그룹 ③ 심적 대비	
긍정적인 결과와 부정적인 요인을 함께 그린다.	

2 5. **심적 대비 실험**

반대로 유혹에 넘어가서 시험 공부를 게을리하는 모습이나 아르바이트 때문에 바빠지는 상황은 부정적인 요인이 된다(이것도 사람마다 다르다).

이렇게 3개 그룹에게 각각의 조건에 대응하는 내용을 상상하게 한 다음 맨 처음 그렸던 중요한 학업 목표를 달성하기 위한 구체적인 계획을 원하는 만큼 세우라고 했다. 그리고 그 계획을 얼마만큼이나 실행할 생각인지도 물었다. 이때 '1은 전혀 실행하지 않는다, 6은 무조건 실행한다'라고 점수를 매겼다.

어려운 목표에는
심적 대비가 효과적이다

2-6에 정리한 실험 결과를 살펴보자. 세로축은 목표 달성을 위해 구체적인 계획을 실행하려는 정도를 나타낸다. 수치가 높아질수록 계획을 실행하려는 의지가 높다는 의미다. 가로축은 오른쪽이 쉬운 목표일 경우, 왼쪽이 어려운 목표일 경우의 결과를 나타낸다. 목표가 비교적 쉬운 경우, ①의

긍정적인 결과를 상상하는 그룹이 ②의 장애물을 상상하는 그룹이나 ③의 심적 대비 그룹보다 구체적인 계획을 실행하려는 정도가 높다는 결과가 나왔다.

이번 실험에서도 쉬운 목표에 대해서는 긍정적인 모습을 상상하는 일이 목표에 대한 동기 부여를 높이는 효과가 있음이 증명되었다.

그러나 목표가 어려운 경우에는 결과가 달라진다. 이번에는 2-6의 왼쪽 그래프를 보자. 어려운 목표에 대해서는 ③의 심적 대비 그룹이 ①의 긍정적인 결과를 상상하는 그

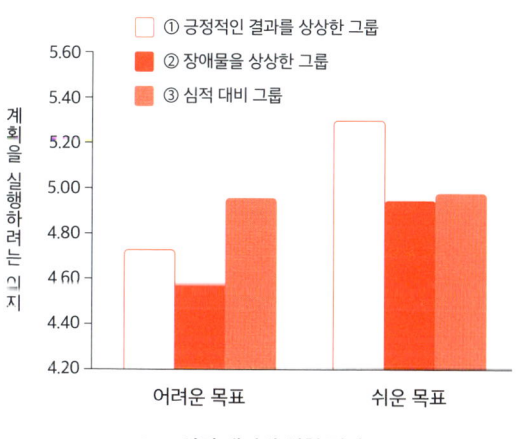

2-6. 심적 대비의 실험 결과

룹이나 ②의 장애물을 상상하는 그룹보다 구체적인 계획을 실행하려는 의지가 높다고 나타났다.

참가자들에게 목표를 달성하기 위한 구체적인 계획을 원하는 만큼 세우라고 했을 때 참가자들이 세운 계획의 개수를 지표로 삼았다. 그리고 이때도 동일한 결과를 얻었다. 어려운 목표를 세울 때는 ③의 심적 대비 그룹의 참가자들이 다른 그룹의 참가자들보다 목표를 달성하기 위한 구체적인 계획들을 많이 세웠다.

목표의 난도에 따라
전략을 바꿔라

목표 달성으로 가는 여정에는 다양한 장애물들이 기다리고 있다. 그래서 어려운 목표를 세울 때는 어떤 장애물이 기다리고 있는지 파악해야 한다. 심적 대비를 활용하면 장애물을 극복하기 위한 수단을 마련하게 되고, 그러면 목표 달성이 보다 쉬워진다. 나아가 현실적이고 도전적인 목표를 설정하게 해준다. 현실적인 대안을 마련하게 되기 때문이다.

앞에서 든 예로 돌아가서 '프로 축구 선수가 된다'라는 목표를 달성하기까지 만나는 장애물들을 떠올린다면 그 장애물들을 극복할 구체적인 행동(우선은 J리그 클럽 유스팀의 선발 테스트에 응시해 합격한다)도 생각할 것이다. 혹은 장애물을 생각해보니 도저히 이룰 수 없는 비현실적인 목표임을 깨닫고, 조금 더 현실적인 목표(축구와 관련된 일을 하면서 생계를 유지한다)로 계획을 수정할 수도 있다.

달성하고자 하는 목표가 비교적 쉬운지, 어려운지에 따라 사용하는 전략을 바꿔야 한다. 쉬운 목표는 자신이 목표를 달성한 긍정적인 모습을 상상하기만 해도 효과적이다. 반면 어려운 목표는 미래의 성공한 모습을 상상하는 것만으로 충분하지 않다. 목표를 달성하는 여정에 어떤 장애물들이 기다리고 있는지도 함께 심사숙고해야 한다. 목표 달성의 난도에 맞춰 어떤 전략을 사용할지 확실히 인지하자.

3

자동으로 행동이 따라오는
계획 수립법

마음만 먹으면 별것 아니라고
생각하는 사이에 벌어지는 일

"계획이 없는 목표는 한낱 꿈에 불과하다."

세계적으로 사랑받아온 『어린 왕자Le Petit Prince』의 작가 앙투안 드 생텍쥐페리Antoine de Saint-Exupéry의 말이다. 그는 소설가로서 대성공을 거두었지만 파란만장한 삶을 살았다. 해군 사관학교 입시에 실패한 그는 육군 비행연대에 입대해 열원히던 파일럿이 되었다. 하지만 불과 1년 만 후에 추락 사고로 부상을 입어 제대했다.

생텍쥐페리와 관련된 유명한 일화가 있다. 프랑스와 베

트남 간 최단 시간 비행 기록에 도전했을 때 기체 문제로 리비아 사막에 불시착했다. 절망적인 상황을 맞이했으나 그는 유목민의 도움을 받아 기적적으로 생환했다. 이처럼 수많은 고난을 이겨냈기에 위와 같은 말을 남겼는지도 모른다.

그의 말에는 목표를 설정하면 실현하기 위해 구체적인 계획을 세워서 실제로 행동하는 것이 중요하다는 의미가 담겨 있다. 계획이 없으면 행동할 수 없고, 행동하지 않으면 목표는 실현되지 않는다. '나는 계획을 세웠는데도 왜 잘 안 될까?'라고 생각하는 사람도 있을 것이다. 그런 사람은 계획을 세우는 방법에 분명 문제가 있다.

생각해보기

목표 달성률이 높아지는 계획은?

다음의 체중 감량 계획에 어떤 문제가 있을까? 계획을 어떻게 세워야 행동으로 옮기기 쉽고, 높은 확률로 목표를 달성할 수 있을까? 올해 초, 오랫동안 관리에 소홀했던 생활 습관을 바로잡아 건강을 되찾겠다고 결심했다. 목표는 10kg 감량. 이 목표를 달성하기 위해 다음과 같은 계획을 세웠다.

- 일주일 중 적어도 3일은 러닝을 한다.
- 저칼로리면서 영양 균형이 잡힌 식단으로 신경 써서 먹는다.

처음 일주일은 순조로웠다. 차가운 아침 공기를 들이마시며 러닝을 하니 기분도 좋았다. 그동안 배부르게 먹는 것을 좋아한다고 생각했지만 저칼로리 식단도 생각보다 즐기며 먹을 수 있었다. 마음만 먹으면 되는 일 아닌가?

그러나 2주가 지날 무렵부터 서서히 계획을 실행하기 어려워졌다. 업무가 밀려들고 집안일이 쌓여서 며칠 동안 러닝을 쉬었다. 모임에 나가니 맛있는 식사와 술의 유혹에도 흔들려서 '조금만 먹으면 괜찮겠지'라는 마음으로 무심코 과식하는 날이 며칠 이어졌다.

오늘은 계획을 실행하지 못했지만 '마음만 먹으면 별것 아니야'라고 생각하는 사이에 어느새 러닝을 하지 않게 되었고, 식생활도 원래대로 돌아가고 말았다. 결국 목표였던 10kg 감량을 달성하기는커녕 오히려 체중이 너 늘었다.

이렇게 마음먹은 대로 계획을 실행하지 못한 경험은 누구나 해봤을 것이다. 1일 차 강의에서 말했듯이 유혹에 넘어가지 않고, 목표 달성을 위해 행동하려면 상당한 자제력이 필요하다. 그리고 그 과정에서 마음의 에너지라는 자원을 써야 한다. 자원에는 한계가 있다는 점이 문제다. 업무나 집안일로 바쁘면 당연히 자제력을 발휘하기 어려워진다. 계획을 실행에 옮기려면 소모되는 자원을 줄여야 한다.

그렇다면 자원을 되도록 사용하지 않고, 효율적으로 행동하는 방법은 무엇일까? 3일 차 강의에서는 목표 달성률을 높이는 전략을 소개한다. 의욕은 있지만 어쩐지 계획을 행동으로 옮기지 못하는 사람에게 놀라울 정도로 효과적인 전략이다.

단순한 계획으로 목표 달성률을 2배 올린다

계획 하나로 정말 크나큰 효과를 볼 수 있을까? 의심하는 여러분을 위해 실험을 소개한다. 계획을 세우는 일의 유효성에 관해 오랫동안 연구를 거듭해온 독일의 저명한 심리학자 페터 골비처Peter Gollwitzer와 그의 연구진이 진행한 일련의 심리학 실험이다.

먼저 초기에 진행한 간단한 실험[1]을 소개한다. 골비처 연구진은 크리스마스 휴가 직전에 학기 말 시험을 앞둔 대학생들에게 연구 협력을 의뢰했다. 젊은이들이 휴가를 보내는 방법에 관련된 연구를 하고 있으니 크리스마스 휴가를 어떻게 보내는지에 대해 에세이를 써 달라고 했다. 물론 연구진은 젊은이들이 휴가를 보내는 방법을 연구하고 있지 않았다.

실험에 참가하기로 한 학생들에게는 크리스마스 당일부터 48시간 이내에 에세이를 우편으로 부치라고 했다. 그리고 절반으로 그룹을 나눠서 한 그룹에는 지시 사항을 하나 더 전했다. 에세이를 쓸 시간과 장소를 구체적으로 정해 달라고 한 것이다. 이 그룹의 학생들은 그 자리에서 에세이를 쓸 시간과 장소를 종이에 적어 연구진에게 전달한 다음 시험을 보러 갔다.

크리스마스가 되자 에세이들이 도착하기 시작했다. 이 실험의 진정한 목적은 에세이를 써서 보낸다는 목표를 과연 얼마만큼의 대학생들이 달성하는지 보는 데 있었다. 에세이를 쓸 시간과 장소를 정하지 않은 학생들 즉, 계획을 작성하지 않은 그룹이 실제로 에세이를 보낸 비율은 고작 32%에 그쳤다. 반면 에세이를 쓸 시간과 장소를 미리 정한, 매우 간단한 계획을 세운 학생들이 속한 그룹은 71%나 에세이를 보냈다. 계획을 세우지 않은 학생들보다 무려 2배가 넘는 수치였다.

놀라운 결과다. 간단한 계획을 수립하는 단순한 방법으로 참가자들의 목표 달성률이 2배나 높아졌기 때문이다. 그렇다면 왜 시간과 장소를 정했을 뿐인데 달성률이 크게 향상되는 걸까?

목표 의도와 실행 의도

목표나 목적을 향해서 행동할 때는 목표 의도와 실행 의도라는 2가지 의도가 작용한다. 다음 페이지의 3-1을 보자. 목표 의도는 자신이 이루고 싶은 목표를 특정하는 것이다

(예: 다이어트). 목표 의도는 목표 그 자체며, 원하는 최종 상태를 단순하고 명확하게 보여준다. 한편 실행 의도는 목표를 달성하기 위한 행동을 언제, 어디에서, 어떻게 할 것인지 미리 정하는 것이다.

"저녁 6시가 되면 30분 동안 러닝을 하자."
"못 참을 만큼 배가 고프면 과자 대신 낫토를 먹자."

특히 위와 같이 "만약(if) ○○하면(then) △△를 실행하자."처럼 if-then 형식으로 세우는 계획이 실행 의도에 기반한 계획이다. 무언가를 하겠다는 목표 의도를 정했어도 실행하는 데에는 상당한 자제력이 필요하기 때문에 결국 행동으로 이어지지 못하는 경우가 많다. '운동을 한다'라는 목표만 설정하면 운동에 착수하기가 상당히 어렵다.

그러나 언제, 어디에서, 어떻게 행동할지 구체적인 내용과 행동을 결부시키는 계획 즉, 실행 의도를 구성하면 단순히 목표를 설정할 때보다 목표에 도달하기 쉬워진다는 것이 다양한 심리학 실험·연구를 통해 밝혀지는 중이다.

3-1. 목표 의도와 실행 의도

if-then 형식으로 계획을 세운다
: 실행 의도 실험

실행 의도의 효과를 조사한 실험[2]을 소개하겠다. 실험은 107명의 테니스 선수를 대상으로 진행되었다. 이들은 독일의 다양한 리그 토너먼트에 정기적으로 참가하고 있으며, 경기력 향상을 목표로 훈련하고 있었다.

먼저 참가자들을 ① 목표가 없는 그룹, ② 목표 의도 그룹, ③ 실행 의도 그룹으로 나눴다. 3개 그룹의 차이를 3-2에 정리했다.

그룹	적용한 전략 내용 (시합 전에 마음속으로 외치는 문장)
① 목표 없음	없음.
② 목표 의도	시합에서 이기기 위해 공 하나하나에 집중해서 열심히 플레이한다.
③ 실행 의도	플레이 중 초조해지면 '나는 이길 수 있다'라고 외친다. 긴장된다는 생각이 들면 심호흡을 한다.

3-2. 실행 의도 실험

②의 목표 의도 그룹은 '시합에서 이기기 위해 공 하나하나에 집중해서 열심히 플레이한다'라는 목표를 세우라는 지시를 받았다. 그리고 시합 전에 마음속으로 여러 번 그 목표를 외치라고 했다.

③의 실행 의도 그룹은 ②의 목표 의도 그룹에게 주어진 지시에 더해, 시합 중 일어날 만한 수행 능력에 나쁜 영향을 주는 부정적인 내적 상태를 특정하도록 했다. 이를테면 '초조해진다', '긴장해서 집중하지 못한다', '시합을 포기하고 싶다', '피로감이 생긴다' 등이다. 이어서 부정적인 내적 상태를 통제하는 데 적합한 행동을 떠올리라는 지시도 주었다. 예를 들어 '플레이 중 초조해지면 '나는 이길 수 있다'라고 외친다', '긴장된다는 생각이 들면 심호흡한다' 등이다.

이처럼 ③의 실행 의도 그룹에 속한 참가자들은 자신의 부정적인 내적 상태(if 요소)를 특정하고, 그 요소를 적절한 목표 지향적 행동(then 요소)에 결부시키는 'if-then' 형식으로 계획을 세웠다. 나아가 시합 전에 마음속으로 부정적인 내적 상태를 통제하는 지시를 여러 번 외쳤다.

목표 달성률을 높이는
실행 의도

    결과를 알아보자. 3-3의 세로축은 수행 능력을 나타낸다. 시합 중 수행 능력의 좋고 나쁨은 선수를 잘 알고 있는 트레이너와 팀 동료가 지난 시합과 비교해서 평가했다.

    세로축의 수치는 테니스 선수 107명의 수행 능력 즉, 득점 평균치가 '0'이 되도록 환산한 것이다. 수지가 양의 값이면 평균보다 수행 능력이 높음을 의미하고, 수치가 커질수

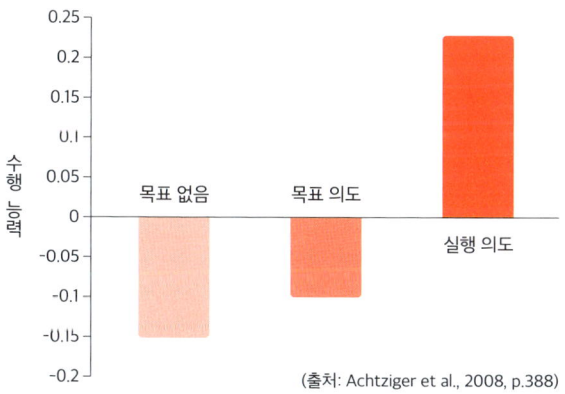

(출처: Achtziger et al., 2008, p.388)

3-3. 실행 의도 실험의 결과

록 수행 능력이 더 높은 것이다. 반면 수치가 음의 값이면 평균보다 수행 능력이 낮음을 의미하고, 수치가 낮아질수록 수행 능력은 더 낮다는 뜻이다.

3-3에서 보이는 것처럼 ③의 실행 의도를 따른 그룹의 선수들은 목표가 제시되지 않은 선수들이나 목표 의도만 실행한 선수들과 비교했을 때 이전 시합보다 높은 수행 능력을 보였다. if-then 계획을 구상했기 때문에 목표 달성률이 높아진 것이다. 이처럼 실행 의도를 구상하고 실행하면 부정적인 사건을 경험했을 때 그 상황을 완화하는 행동을 촉진해서 바람직한 결과를 실현할 수 있다.

실행 의도로
유혹을 이겨낸다

단것을 먹지 않기로 결심했는데, 무심결에 초콜릿을 입 안 가득 넣었다.

일을 하려고 컴퓨터를 켰는데 나도 모르게 인터넷 서핑을 하며 시간을 보내고 말았다.

이런 경험을 해본 적이 없는가? 나는 이랬던 적이 많다. 나를 포함해서 이에 해당하는 사람들에게 희소식을 주겠다. 이런 문제에도 실행 의도가 효과를 발휘한다.

동일한 실험[2] 중 이번에는 선수들에게 일주일 동안 고칼로리 음식(초콜릿, 피자, 감자튀김 등)의 섭취량을 평소의 절반으로 줄이라는 목표를 주었다. 절반의 선수들(실행 의도 그룹)에게는 고칼로리 음식이 먹고 싶어질 때마다 "고칼로리 음식이 떠오르면 그 생각을 무시한다."라는 말을 3회 소리 내어 말하라고 했다.

일주일이 지나자 실행 의도를 구상하지 않은 선수들은 고칼로리 음식 섭취를 절반으로 줄인다는 목표를 달성하지 못했다. 반면 실행 의도 그룹의 선수들은 고칼로리 음식 섭취량을 절반으로 줄이는 데 성공했다. 일주일 동안 "고칼로리 음식이 떠오르면 그 생각을 무시한다."라는 짧은 문장을 3회 외친 것만으로 목표를 달성한 것이다.

다른 연구[3]에서는 참가자들에게 컴퓨터로 과제를 시키고, 비디오 클립(영화의 하이라이트를 편집해놓은 동영상)을 컴퓨터 화면의 구석에 띄웠다. 과제를 하려면 주의를 뺏는 클립 다시 밀해, 방해 자극을 가급적 보면 안 된다.

이때 "나는 주의를 뺏기지 않을 것이다."라는 단순한 목표를 세운 사람들보다 "주의를 뺏기는 상황이 되면 나는 그것을 무시할 것이다.", "정신을 산만하게 하는 것을 마주하면 나는 과제에 집중한다."라는 실행 의도를 형성한 참가자들이 방해 자극에 유혹되지 않고 과제에 집중할 수 있었다.

목표를 실행할 때는 다양한 방해 자극을 마주한다. 방해 자극은 내적인 자극(불안, 피로, 과중한 부담)과 외적인 자극(유혹, 오락)을 모두 포함한다. 이럴 때 실행 의도를 구상하면 목표를 추구하는 과정에서 탈선을 막는다. 자신도 모르게 단것을 먹거나 일하는 동안 인터넷 서핑을 하는 나 같은 사람에게는 "초콜릿을 먹고 싶어지면 차를 마신다.", "정신이 산만해지는 상황에 직면하면 일에 집중한다."라는 실행 의도를 미리 구상하는 것이 좋다.

실행 의도 × 심적 대비
: 조합하면 절대적 효과

실행 의도는 2일 차 강의에서 소개한 심적 대비와 조합하면 효과가 더 오래 지속된다. 다시 골비처 연구진의 심리학 실험[4]을 소개해보겠다. 이번 실험에는 가을에 입시를 앞둔 미국의 고등학생 66명이 참가했다. 거의 모든 학생이 졸업 후에는 2년제 또는 4년제 대학교에 진학하기 때문에 10월에 실시되는 PSAT(미국의 대학 진학 적성 시험 SAT의 예비 시험)에서 좋은 성적을 거두고 싶은 의욕이 상당했다.

학생들에게는 여름 방학이 시작되는 7월에 10회 분량의 모의고사 워크북을 전하면서 PSAT가 끝나는 10월에 워크북을 회수하겠다고 말했다. 심적 대비와 실행 의도를 적용한 그룹의 학생들에게는 우선 심적 대비부터 하도록 했다.

모든 학생에게 모의고사 문제를 푸는 일에 관련된 2가지 긍정적인 결과(예: 자기 자신의 기분이 좋아진다)와 이 작업을 방해할 가능성이 있는 2가지 장애물(예: 스마트폰을 만지작거린다)을 쓰도록 했다. 그 후 실행 의도 절차에서 쓴 장애물에 대한 구체적인 해결책을 생각하게 했다. '만약 [장애물]을 만나면 [해결책]을 실행한다'라는 형태로 생각해서 종이에 적게 한 것이다.

학생들은 '만약 스마트폰을 만지고 싶어지면 스마트폰을 눈에 띄지 않는 곳(책상 안쪽)에 둔다'라는 해결책을 적었다.

그리고 마지막으로 언제, 어디에서 이 워크북으로 공부할 생각인지도 정했다. '평일 아침 식사 후에 내 방에서'라는 식으로 말이다. 그러는 동안 통제 그룹에 배정된 학생들에게는 자신의 인생에 영향을 준 인물이나 사건에 관한 짧은 에세이를 쓰도록 했다.

예고했던 대로 10월이 되어 워크북을 회수했다. 학생들이 푼 문제의 수를 세어보니 통제 그룹의 학생들은 평균 84문제를 풀었고, 심적 대비와 실행 의도를 조합해 실행한 그룹의 학생들은 평균 140문제를 풀었다.

이번 실험은 크리스마스 기간 동안 작성하는 에세이처럼 단기간이 아니라 여름 내내 지속한 장기적인 실험이었다. 그럼에도 실행 의도는 목표 달성에 2배 가까운 차이를 만들어냈다.

심적 대비와 실행 의도를 조합해 실행한 그룹이 세운 계획과 실천한 행동은 극히 단순하다. 워크북을 받고, 가을에 회수될 것이라 전달받고, 일어날 수 있는 장애물과 그에 대한 해결책을 생각했을 뿐이다. 여름 방학 중에 학생들에게 연락을 하지도, 학습 계획표를 전달하지도 않았다. 그럼에도 놀라운 결과를 달성해냈다. 성공적으로 목표를 달성하고 싶으면 심적 대비와 실행 의도를 조합한 심리 전략을 적용해보자. 장기적인 상황에서도 효과를 볼 수 있을 것이다.

실행 의도의 메커니즘
: 뇌에서 조건과 행동이 연결된다

잠시 쉬어가는 시간을 가져보자. 왜 실행 의도를 구상하면 목표 달성이 쉬워지는지 알아보겠다.

우리가 목표 달성 과정에서 가장 자주 마주치는 실패는 행동할 기회를 놓치는 일이다. 예를 들어, '매일 30분씩 러닝하는 시간을 만든다'라는 목표는 '마음만 먹으면' 대수롭지 않은 일처럼 느껴진다. 하지만 '마음을 먹는다'라는 행위 자체가 크나큰 함정이다.

마음만 먹으면 된다고 생각하면서도 우리는 매일 다른 목표를 위해 행동하거나 다른 생각을 한다. 그래서 '러닝을 한다'라는 목표를 잊거나 막상 행동할 시간(기회)이 되어도 때를 알아차리지 못한다. 그리고 어느새 끝난 하루를 마무리하면서 오늘도 러닝을 하지 못한 것을 반성하고 내일은 꼭 하겠다며 새롭게 결심하는 나날을 반복한다.

이처럼 러닝을 한다는 행동 기회는 손가락 사이로 끊임없이 빠져나간다. 반대로 말하자면 성공의 열쇠는 기회를 놓치지 않는 방법을 배우는 데에 있다. 기회를 놓치지 않고 계획을 실현하는 것이 바로 실행 의도라는 테크닉이다.

인간은 정보를 '만약 ○○이라면 △△'라는 말로 부호화하는 것이 특기다. 이 과정을 통해(종종 무의식적으로) 행동을 유도한다. 따라서 언제, 어디에서 목표를 향해 행동할지 정확하게 결정하면 상황·단서(if)와 그 뒤에 따라야 할 행동(then)이 뇌에서 연결된다. 조건과 행동이 직접적으로 연결되는 것이다. 그러면 뇌는 훌륭하게 행동을 실천으로 옮긴다.

실행 의도는 뇌에서 어떻게 작동할까? 우선 '~하면(if)'이라는 특정 상황이나 단서가 뇌에서 쉽게 의식된다. '저녁 6시가 되면 30분 동안 러닝을 한다'라는 실행 의도를 구상했다고 가정해보자. 그러면 의식하지 않아도 뇌가 주위를 둘러보며 'if'에 해당되는 부분을 찾기 시작한다. 다른 일에 정신이 팔려도 이런 상황이나 신호를 쉽게 감지한다. TV를 보고 있었어도 6시가 되면 계획했던 바를 알아차리기 쉬워 지는 것이다.

게다가 뇌에 연결이 생기면 조건과 행동이 결합된다. if 조건이 생기면 다음에 취해야 할 행동이 자동적으로 떠오른다. 즉, 뇌는 다음에 무엇을 해야 하는지 이미 알고 있다.

앞선 예로 말하자면 '저녁 6시가 되면'과 '30분 동안 러닝을 한다'가 연결되어 있기 때문에 저녁 6시가 되면 무의식중에 달리기 위한 준비(예: 트레이닝복으로 갈아입는다)를 시작하게 된다. 이렇게 실행 의도는 뇌에서 조건과 행동을 연결해, 특정 상황이나 단서(if의 상황)에 직면했을 때 목표와 관련된 행동을 즉각적으로(자동적으로) 일으킨다.

실행 의도의 유연성을 조사한 실험

'○○하면 △△한다니 사람이 무슨 입력한 대로 실행하는 로봇이야? 도중에 진로를 변경할 수 없어? 유연성이 전혀 없잖아?'라고 생각할 수 있다. 실행 의도는 유연성이 없는 경직된 기술 같다고 느낀 사람도 있을 것이다. 정말 실행 의도에는 유연성이 없을까?

실험[5]을 하나 더 소개하겠다. 이 실험에는 독일의 대학교에 다니는 183명의 대학생들이 참여했다. 학생들에게 퍼즐(과제)을 풀도록 했다. 여러 가지 공략법이 있는데, 퍼즐을 풀기 전 참가자들에게 어떤 공략법으로 풀 것인지를 고르라고 했다.

그리고 참가자를 4개 그룹으로 나누었다. A는 목표 없는 그룹, B는 목표 의도 그룹, C는 실행 의도(행동) 그룹, D는 실행 의도(반성) 그룹이다.

- B 목표 의도 그룹에게는 과제에 착수하기 전 '최선의 공략법을 이용해 퍼즐을 푼다'라는 문장을 반복해서 읽게 했다.
- C 실행 의도(행동) 그룹에게는 마찬가지로 '최선의 공략법을 이용해 퍼즐을 푼다'에 더해서 '만약 기대에 어긋난 피드백을 받으면 공략법을 변경한다'라는 문장을 반복해서 읽게 했다.
- D 실행 의도(반성) 그룹에게는 마찬가지로 '최선의 공

략법을 이용해 퍼즐을 푼다'에 더해서 '만약 기대에 어긋난 피드백을 받으면 자신의 전략이 어떤지 생각해본다'라는 문장을 반복해서 읽게 했다.

C 실행 의도(행동) 그룹과 D 실행 의도(반성) 그룹에게는 모두 실행 의도를 구상하도록 했지만 두 그룹 간 차이는 'then' 파트의 내용이 다르다는 점에 있다. A의 목표 없는 그룹에게는 어떤 문장도 읽으라는 요구를 하지 않았다.

그룹	적용한 전략 내용 (반복해서 읽는 문장)
A 목표 없음	아무것도 읽지 않는다.
B 목표 의도	최선의 공략법을 이용해 퍼즐을 푼다.
C 실행 의도(행동)	최선의 공략법을 이용해 퍼즐을 푼다. 만약 기대에 어긋난 피드백을 받으면 공략법을 변경한다.
D 실행 의도(반성)	최선의 공략법을 이용해 퍼즐을 푼다. 만약 기대에 어긋난 피드백을 받으면 자신의 전략이 어떤지 생각한다.

3-4. 실행 의도의 유연성을 검증하는 실험

자동으로 행동이 따라오는 계획 수립법

전반부 10문제

참가자들은 먼저 전반부에 10문제의 퍼즐을 풀었다. 문제를 풀 때마다 성공한 경우에는 '포인트 획득!'이 표시되고, 실패한 경우에는 아무것도 표시되지 않았다. 전반부에는 모든 참가자에게 10문제 중 5문제에 '포인트 획득!'이라는 표시를 띄웠다.

후반부에 들어가기 전 실험자는 참가자들에게 전반부의 성적(다른 참가자와 비교한 상대적 성적)을 산출하는 데 조금 시간이 걸리기 때문에 후반부 문제를 다 풀고 나서 전반부에서 거둔 성적에 대해 피드백하기로 약속했다.

후반부 10문제

연이어 진행된 후반부에는 절반의 참가자들에게 10문제 중 9문제에 '포인트 획득!'이라는 표시를 띄웠다. 이는 전반부에 비해 후반부에 상황(수행 능력)이 개선되었음을 의미한다.

나머지 절반의 참가자들에게는 10문제 중 1문제에 '포인트 획득!'이라는 표시를 보여주었다. 이는 전반부에 비해 후반부에 성적이 저조했음을 의미한다.

예고대로 후반부가 끝나고 나서 전반부의 성적에 대해 피드백을 진행했다. 모든 참가자에게 "다른 참가자와 비교

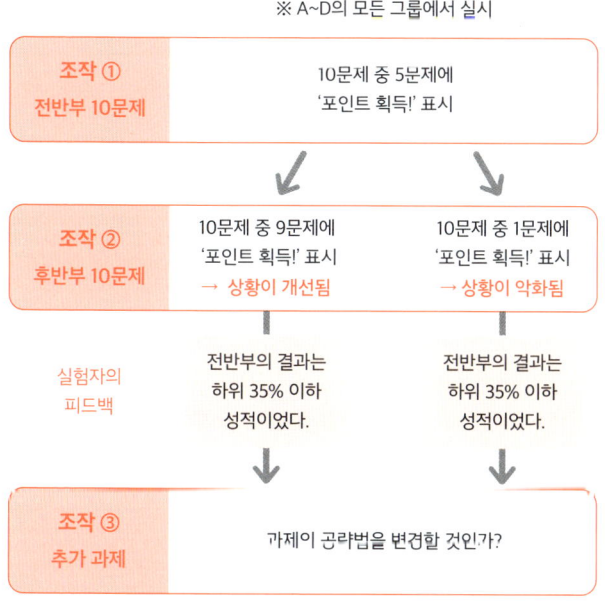

3-5. 실행 의도의 유연성을 검증하는 실험 수순

했을 때 당신의 전반부 성적은 좋지 않았다(구체적으로 하위 35% 이하의 성적이었다).”라고 말했다.

조작 3
추가 과제

그러고 나서 또 같은 과제를 하게 했다. 이때 참가자들에 게 현재 풀고 있는 퍼즐의 공략법을 변경할지, 기존의 공략법을 유지할지 선택권을 주었다. 이 실험에서는 퍼즐 공략법을 변경할지의 여부가 중요한 지표다. 조금 복잡한 실험이기 때문에 4개 그룹의 차이를 3-4에, 실험의 순서를 3-5에 정리했다.

사용 방식에 따라 실행 의도는 유연하게 작동된다

결과는 3-6의 그래프를 통해 살펴보자. 이 그래프에는 상황이 악화된 경우와 개선된 경우 각각에 대해 '현재 사용하는 공략법을 변경한다'라고 답한 참가자의 비율이 정리

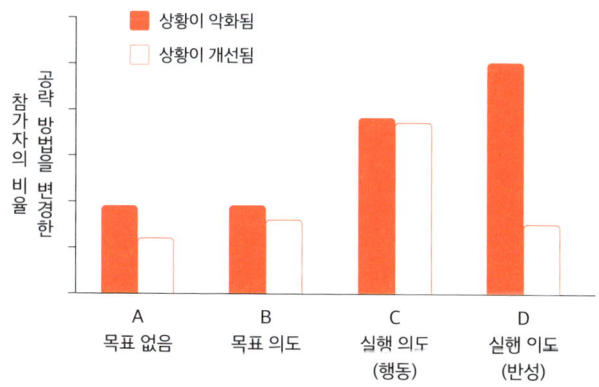

3-6. 상황이 악화/개선되는 경우 공략법을 변경한 참가자의 비율

되어 있다. 이 결과에서 흥미로운 지점이 발견되었다.

먼저 기대에 어긋난 피드백을 받았을 때 '공략법을 변경한다', '자신의 전략이 어떤지 생각한다'라는 문장을 반복해서 읽은 그룹 C 또는 D에 속한 참가자들은 A의 목표 없는 그룹이나 B의 목표 의도 그룹에 비해 상황이 악화되었을 때 '공략법을 변경한다'라고 응답한 경우가 많았다.

상황이 잘 풀리지 않을 때는 목표에 대한 노력을 조절하거나 때로는 목표·수단 자체를 수정하는 것이 좋다. 그런데 흔히 특정 목표나 방법만 고집하는 것이 효과적이지 않다는 점을 알면서도 한번 착수한 목표나 방법에서 벗어나지 못하는 부적응적인 경향이 나타나고는 한다.

이런 심리 현상을 '과도한 몰입overcommitment'이라고 부른다. 사람에게는 보통 액셀을 밟기 시작하면 행선지가 잘못되었다는 사실을 머리로는 알아도 브레이크를 밟기 어려워하는 경향이 있다. 그렇지만 실행 의도를 이용하면 이런 부적응적인 경향이 줄어든다.

더구나 실행 의도는 그 내용에 따라 유연성을 발휘한다는 사실도 밝혀졌다. 결과가 좋지 않을 때 '자신의 전략이 어떤지 생각한다'라는 문장을 읽은 D의 실행 의도(반성) 그룹의 참가자들은 상황이 악화된 경우와 상황이 개선된 경우에 각각 전략을 변경하는 비율이 크게 달라졌다.

이런 결과는 D의 실행 의도(반성) 그룹에서만 볼 수 있는 특징이다. 공략법을 변경하겠다는 계획을 미리 세웠던 C의 실행 의도(행동) 그룹 참가자들은 상황이 악화되든 개선되든 공략법을 변경하는 비율에 차이가 없었다.

그런데 특이한 점도 발견되었다. D의 실행 의도(반성) 그룹은 수행 능력 즉, 결과에 따라 행동 방법이 달라졌다. D의 실행 의도(반성) 그룹은 수행 능력이 개선되는 경우에는 공략법을 변경하지 않았지만 수행 능력이 저하될 조짐이 보이는 경우에는 공략법을 변경하려고 했다.

참가자들은 모두 "전반부의 성적이 별로 좋지 않았다."라는 피드백을 받았다. 상황이 악화되었을 때(후반부의 수행 능력이 좋지 않았을 때) 공략법을 바꾸는 건 좋은 선택이 될 수 있다. 같은 공략법을 고집한다고 해서 수행 능력이 좋아질 것이라고 생각하기는 어렵다. 하지만 후반부에 상황이 개선되면 이야기가 다르다. 공략법을 반드시 바꿀 필요가 없어진다.

이 실험 결과를 통해 실행 의도가 유연한 작용을 하는지 아닌지는 그 내용에 달려 있음을 알 수 있었다. 만약 'then' 파트에서 D의 실행 의도(반성) 그룹처럼 심사숙고하는 행동이 사전에 정해져 있으면 공략법을 바꿀지 말지 여부를 상황에 따라(예: 직전의 수행 능력 개선) 고려해서 유연하게 실행 의도를 수정할 수 있다.

한편 C의 실행 의도(행동) 그룹처럼 'then' 파트에서 행동을 전환하는 행동이 사전에 정해져 있을 경우에는 수행 능력이 개선되든 악화되든 상관없이 지시된 대로 행동(여기에서는 공략법을 변경한다)했다.

다시 말해, 유연하게 기능하는지 아닌지는 실행 의도를 사용하는 방식에 달려 있다는 말이다. 실행 의도를 구상하면 다른 목표로 변경하거나 다른 수단을 사용해 목표를 추구할 수 있다. 효과가 없을 것이 뻔한 상황에서 처음의 목표나 수단을 고집하는 일을 방지한다. 또한 'then' 파트에 들어갈 내용을 미리 고려해두어야 유연성을 유지할 수 있다는 점을 기억하자.

실행 의도를 세워서
행동을 자동화한다

매일 낮은 칼로리로 식사를 하겠다거나 운동을 하겠다는 목표는 장기간에 걸친 노력이 필요하기 때문에 다양한 유혹이나 충동에 굴복하기 쉽다. 그러면 목표를 달성하기가 어려워진다. 그럴 때는 실행 의도를 구상하는 방법이 효과적이다.

실행 의도는 의지력이 거의 필요하지 않을 뿐 아니라 행동할 생각이 없어도 자동으로 작용한다. 따라서 자원의 고갈을 막고 다른 일에 자원을 쓸 수 있다는 장점이 생긴다. 단 한 번의 실행 의도 구상(예: 저녁 6시가 되면 30분 동안 달린다고 결심하거나 종이에 쓴다)으로 목표가 저절로 실행된다는 점이 믿기지 않을 만큼 놀랍다.

실행 의도는 매우 간단해서 누구나 자신의 상황에 적용할 수 있다. 그러니 실행 의도를 미리 구상해서 효과적으로, 그리고 효율적으로 목표를 달성하도록 하자.

4 일 차 강의

무의식의 힘으로
행동 활성 스위치를 누른다

이것도 저것도 해야 한다고 생각하면
결국 아무것도 못한다

오늘은 이 일을 꼭 끝내야 돼.

이제 더는 자격증 공부를 미룰 수 없어.

건강을 위해 매일 러닝을 하기로 결심했어.

이렇게 할 일이 연달아 떠오르면 머릿속이 꽉 찬다. '해야 되는데'라는 생각이 쌓이고 쌓여서 뭐부터 할지 손을 댈 수가 없다. 결국 아무것도 하지 못한 채 시간만 흐른다.

지금까지 계속해서 이야기했듯이 자제력을 발휘하는 데 사용하는 마음의 사원은 유한하나. '그래, 해야지!'라고 결심하고는 반복적으로 자제력을 발휘하는 사이에 자원은 고갈되어 목표를 향해 행동하기가 어려워진다. 자원이 한정되어 있는 이상 '이것도 해야 돼, 저것도 해야 되는데'라고 의식하며 행동하는 건 좋은 계획이 아니다. 이것저것 생각만 하다가 아무것도 못했던 경험이 떠오르는 사람도 많을 것이다.

그렇다면 자원을 가능한 한 소비하지 않고, 효율적으로 행동하는 방법은 없을까? 자신도 모르는 사이에 과제를 진행해서 정신을 차리고 보니 이미 끝나 있는 일은 일어날 수 없는 것일까?

무의식중에 행동을 한다니, 그런 일은 불가능하다고 생각할지도 모른다. 하지만 일상에서 일어나는 일들의 세부적인 부분까지 떠올려보자. 의식하지 않았는데도 어느새 저절로 몸이 움직였던 일도 의외로 많을 것이다.

자동차 운전이 대표적인 예다. 운전석에 올라탄 뒤 차가 출발할 때까지의 동작을 말로 설명해보겠다. 차에 오르면 일단 안전벨트를 매고, 브레이크 페달을 밟으면서 변속 레버의 위치가 파킹에 놓여 있는지 확인한다. 스타트 버튼을 눌러 시동을 걸고, 브레이크 페달을 밟으면서 변속 레버를

드라이브로 움직여 파킹 브레이크를 해제하고…. 이런 일련의 과정을 모두 세세히 의식하면서 하는 사람은 아직 운전이 익숙하지 않은 초보자일 테다.

매일 운전하는 사람이어도(오히려 매일 타고 있기 때문에) 차를 움직이는 순서를 일일이 말로 설명하는 일은 '뭐가 먼저였더라?'라며 헷갈린다. 의외로 모든 단계를 설명하는 일은 산난하지 않다. 하지만 자동차 운전석에 앉고 나서 이런 행동들을 크게 의식하지 않고, 어느새 목적지에 주차하는 경험을 이미 하고 있을 것이다.

대량의 정보를 자동으로 처리하는 무의식의 힘

운전처럼 비교적 단순한 행동은 무의식적으로 처리할 수 있어도, 복잡하고 고차원지인 인간의 행동(예: 목표를 추구하는 행동)은 자각·이해 없이는 무의식석으로 이루어질 수 없다고 생각하는 사람도 많을 것이다. 심리학계에서도 비교적 최근까시는 그렇게 여겨왔다.

그런데 새로운 연구·실험들이 진행되면서 무의식의 힘은 의식의 힘보다 몇십 배, 아니 몇백 배나 크다는 사실이 밝혀지는 중이다. 즉, 인간 의식은 놀라울 정도로 미미한 정보밖에 다루지 못한다는 것이다. 의식이 처리할 수 있는 정보는 매우 적기 때문에 의식의 용량은 금방 부족해진다.

반면 무의식의 정보 처리 능력은 무궁무진하다. 의식이 고작 물 한 잔만큼의 정보를 취급한다면 무의식은 태평양의 바닷물만큼이나 거대한 정보를 다룬다. 무의식은 대량의 정보를 처리할 수 있다. 따라서 우리의 행동 대부분은 의식의 힘이 아니라 무의식의 힘으로 일어난다.

과거에 상식이라고 알려졌던 '인간은 의식적이고 합리적인 판단에 기초해 행동한다'라는 인간상은 우리가 지닌 무의식의 힘을 보여주는 연구 결과 앞에서 순식간에 무너졌다. 현재는 '인간의 행동은 무의식적으로 생긴다'라는 결론으로 합의가 이루어지는 중이다.

자신도 모르게 목표를 향해 행동하는 일. 4일 차 강의에서는 그런 꿈같은 화제를 다루고자 한다. 여러분이 어떻게 생각하기에 따라 가능할 수도 있다.

무의식적 행동을
어떻게 조사할까?

무의식에 관한 실험을 소개하기 전 자각 없이 어떤 행동을 하는 행위를 심리학계에서는 어떻게 실험하는지 그 절차를 간단히 설명하겠다. 자각하지 않고 어떤 개념을 활성화하는 절차로 자주 이용되는 방법 중 하나로 '문장 재구성 과제'가 있다. 여러분도 다음의 문장 재구성 과제를 따라 해보길 바란다.

해보자

문장 재구성 과제

다음 문제들에는 각각 5개의 단어가 나열되어 있다. 5개의 단어 중에서 4개를 골라 문법상 적절한 문장을 만들어보자.

[문제 A]

• 날성한다/일을/역시/언제나/나는

- 음악을 듣고/좋은/즐기고 싶다/주말을/라고 생각한다
- 목표에/조금/있다가/도달한다/이제

[문제 B]
- 즐긴다/휴가를/역시/언제나/나는
- 소중하다/무엇보다도/명절이/조상에게는/역시
- 노래해서/발산하고 싶다/스트레스를/선곡을/노래방 에서

문장을 제대로 완성했는가? 문장 재구성 과제는 문자 그대로 몇 가지 단어를 다시 배열해서 문장을 만드는 과제다. 이때 특정 개념의 관련어를 섞어 놓는 방법을 사용한다.

문제 A의 '달성한다, 일을, 역시, 언제나, 나는'이나 '목표에, 조금, 있다가, 도달한다, 이제'로 적절한 문장을 만든다면 '나는 언제나 일을 달성한다'나 '조금 있다가 목표에 도달한다'라는 문장이 된다. 사실 어떤 문장을 만드는지가 중요한 게 아니다. '나는 역시 일을 달성한다'나 '이제 있다가 목표에 도달한다'라고 문장을 만들어도 상관없다. 이 과제를 수행하는 상황 자체가 중요하다.

자, 이제 문제 A와 문제 B를 비교해보자. 문제 A의 문장 재구성 과제에는 '달성한다, 목표에, 도달한다' 같은 달성과 관련된 개념을 넣었다. 문제 B에는 달성과 관련된 개념이 포함되어 있지 않다. 이제부터는 가정해서 이야기해보겠다. 실험의 참가자들을 2개 그룹으로 나누어 한쪽에는 문제 A로, 다른 한쪽에는 문제 B로 문장을 만들게 한 다음 아무리 노력해도 풀 수 없는 구조의 퍼즐을 준다.

참가자들이 퍼즐 풀기를 포기하기까지 걸린 시간을 비교해보니, 문제 A로 문장을 완성한 사람이 문제 B로 문장을 완성한 사람보다 더 열심히 퍼즐을 풀었다는 결과가 나왔다면 뭐라고 할 수 있을까? 문제 A에 포함되어 있던 '달성'이나 '도달'이라는 단어에 의해 달성에 관한 생각이 무의식중에 활성화되어 자각하지 못한 채로 끈질기게 퍼즐을 풀었다고 생각해볼 수 있다.

물론 참가자들은 문제 A로 문장을 완성하는 과정에서 특정 개념이 활성화되어 자신의 행동에 영향을 미칠 것이 나고는 전혀 생각하지 못했다. 이렇게 과제 중에 특정 개념을 참가자들이 접하게 하면 그 영향이나 조작의 의도를 참가자들이 자각하지 않아도 개념에 대한 접근 가능성을 높일 수 있다.

참고로 문제 A의 '음악을 듣고, 좋은, 즐기고 싶다, 주말을, 라고 생각한다' 안에는 달성과 관련된 단어가 들어 있지 않다. 모든 문제에 달성과 관련된 단어가 들어가 있으면 참가자들이 실험의 의도를 알아차릴 수 있기 때문에 이렇게 달성과 관련 없는 과제도 끼워 넣었다.

어쨌든 이렇게 자각하지 않은 상태에서 어떤 개념을 활성화하는 실험은 이번에 소개한 문장 재구성 과제 외에도 다양하다. 애너그램 과제도 그렇다. 1일 차 강의에서 언급했는데, 문자(예: 심학리)를 의미 있는 말로 바꾸는 과제였다(답은 심리학). '달다숙하'나 '력하노다'라는 문자를 다시 배열하는 과제를 참가자들에게 전한다. 답은 '숙달하다', '노력하다'다.

달성과 관련된 단어의 애너그램 과제를 수행하게 해서 참가자들이 알아차리지 못하는 사이에 달성이라는 개념을 활성화하는 것이다. 앞과 마찬가지로 참가자들은 이런 과제를 풀어내는 것 자체가 목적이라고 생각하기 때문에 과제를 실행해서 어떤 개념이 활성화된다고 생각하지 못한다.

그밖에도 다양한 단어가 나열된 매트릭스에서 지정된

단어(예: 도달, 달성)를 찾게 하는 과제도 있다. 최근의 심리학 실험에서는 이런 과제를 참가자들이 실행하게 해서 무의식중에 어떤 개념을 활성화하고, 그 일이 감정이나 행동에 어떠한 영향을 미치는지를 살펴보고 있다.

고정관념을 활성화하는 실험

이번 장의 본론인 '사람은 무의식중에 목표를 추구한다'라는 주제를 말하기 전 먼저 무의식에 관한 초기 심리학 연구를 소개하겠다. 인간의 무의식에 관한 연구의 일인자인 존 바그John A. Bargh가 진행한 실험[1]이다.

바그는 앞서 설명했던 문장 재구성 과제를 이용해 특정 사회 집단에 대한 개념을 활성화하는 일이 이후 행동에 어떤 변화를 주는지 조사했다. 절반의 참가자들에게는 '백발', '지팡이', '완고한' 같은 노인과 관련된 단어들을 섞어 놓고 해당 단어들로 문장을 만들게 했다. 노인과 관련된 단어를 접하게 해서, 참가자들이 자각하지 못한 상태에서 노인에 대한 고정관념을 활성화한 것이다.

고정관념은 특정 사회 집단에 대한 정형화된 생각을 말한다. 대표적으로 여성이라는 사회 집단에는 '배려를 잘한다', '감정적이다'라는 고정관념, 노인이라는 사회 집단에는 '약하다', '완고하다'라는 고정관념이 있다.

이 실험에서는 절반의 참가자들에게 노인에 대한 고정관념을 드러내는 '백발', '완고한'이라는 단어들을 접하게 해서 무의식중에 노인이라는 개념을 활성화시켰다. 나머지 절반의 참가자들에게는 중립적인 단어(예: 예쁜, 개인적인)들을 섞어두고 그 단어들로 문장을 구성하게 했다.

문장 재구성 과제를 마친 후 참가자들은 실험이 종료되었다고 생각하고 실험실을 나갔다. 하지만 사실 지금부터가 진짜 실험이 진행되는 상황이었다. 참가자들이 실험실을 나간 후 엘리베이터가 있는 곳까지 걸어가는 시간이 측정되었던 것이다.

결과는 놀라웠다. 노인과 관련된 단어를 접한 참가자들은 중립적인 단어를 접한 참가자들보다 걷는 속도가 느려졌다. 노인에 대한 고정관념은 느릿한 동작과 관련이 있기 때문에 노인과 관련된 단어를 읽고 무의식중에 고정관념이 활성화되어서 그에 따른 행동(보행 속도가 느려짐)이 이어진 것이다. 흥미로운 점은 이렇게 고정관념의 영향을 받은 참가자들 중 누구도 자신의 행동이 조금 전에 본 단어의 영향을 받았다고 깨닫지 못했다는 점이다.

노인에 대한 고정관념이 활성화된 참가자들이 느리게 걸었던 이유는 '노인'을 '느릿한'이라는 특성과 결합했기 때문이다. 반대로 말하자면 '노인'에게 '느릿한'이라는 특성이 있다고 생각하지 않는 사람은 노인에 관한 개념이 활성화되어도 느릿하게 걷지 않는다.

다른 연구[2]에서도 결과는 같았다. '노인'이라는 사회 집단에 대해 '건망증이 심하다'라고 생각하는 참가자들을 대상으로 노인에 관한 개념을 활성화하자(앞서 말한 백발이나 지팡이라는 단어를 접한다) 기억력이 떨어졌다.

한편 '노인＝건망증'이라고 결부시키지 않는 참가자들은 같은 단어를 접해도 기억력이 떨어지지 않았다. 이처럼 특정 개념이 활성화되어도 그것이 행동으로 이어지는지 여부는 개인이 지닌 고정관념에 달려 있다.

말 한마디로 행동이 변한다
: 예의 실험

바그 연구진은 이 외에도 다양한 개념을 활성화해서 행동에 어떤 영향을 주는지 조사했다. 처음 소개한 실험[1]에서는 참가자가 문장 재구성 과제를 마치고 지시를 받았던 방으로 돌아오면 다른 참가자로 위장한 공모자와 실험자가 대화를 나누는 장면을 마주하도록 설계하기도 했다. 그리고 참가자가 실험자에게 무언가를 물어봐야 하는 설정을 해두었다. 참가자는 대화를 끊고 실험자에게 말을 걸어야 한다. 이때 10분 안에 말을 건 참가자의 비율을 기록했다.

결과는 명확했다. 예의 없음과 관련된 단어(예: 방해하다, 뻔뻔하다 등)들을 접하고는 예의 없음과 관련된 개념이 활성화된 참가자 중 63%가 대화를 끊고 말을 걸었다. 반면 중립적인 단어(예: 보내다, 낙관적이다 등)들을 접한 참가자는 38%, 그리고 예의 바름에 관련된 단어(예: 공경하다, 배려한다 등)들을 접한 참가자는 17%만 다른 사람들의 대화를 방해했다.

무의식중에
특정 단어를 접한다.

공경하다, 배려한다
(예의 바름에 관련된 말을 접함).

방해하다, 뻔뻔하다
(예의 없음에 관련된 단어를 접함).

그 후의 행동에
영향을 미친다.

대화를 끊지 않고 기다린다
(예의 바른 행동을 한다).

대화를 끊는다
(예의 없는 행동을 한다).

4-1. 예의 실험

무의식의 힘으로 행동 활성 스위치를 누른다

- 자각 없이 '예의 없음' 상태로 활성화된 참가자는 무의식중에 예의 없는 행동을 했다.
- 반대로 '예의 바름' 상태로 활성화된 참가자는 무의식중에 예의 바른 행동을 보였다.

　인간의 행동이 무의식에 의해 지배되고 있음을 보여준 실험 결과가 놀랍지 않은가? 이런 사실이 밝혀진 것은 비교적 최근의 일이다. 10여 년이라는 짧은 기간 동안 심리학자들은 인간의 행동이 무의식적으로, 자동적으로 움직인다는 사실을 증명하는 근거를 모아왔다. 그 결과, 지금은 무의식이 우리의 행동을 좌우한다는 명제가 확실해졌다.

무의식적으로 목표를 추구한다
: 경쟁과 협력 실험

　그렇다면 이제 드디어 무의식의 힘이 목표 추구에까지 영향을 미친다는 사실을 보여준 바그 연구진의 연구[3]를 소개하겠다. 참가자 2명에게 컴퓨터로 낚시 게임을 시킨다.

이 게임에서는 경쟁과 협력 중 어떤 전략을 택할지 결정해야 한다.

게임에서 이기려면 가급적 많은 물고기를 낚아야 한다. 다만 지나치게 많이 낚으면 연못에 물고기가 없어진다. 그렇게 되면 물고기를 더는 낚지 못한다. 게다가 자신이 물고기를 많이 낚으면 상대방도 이를 의식하고 물고기를 더 많이 낚으려고 할 것이다. 그래서 자신의 점수를 줄여서라도 어느 정도의 물고기를 연못에 돌려놓아야 한다는 판단의 기로에 선다. 참가자는 물고기를 낚아 올릴 때마다 득점을 우선해서 물고기를 잡아둘지, 상대방을 위해 연못에 돌려놓을지 선택해야 한다.

게임 전 문장 재구성 과제에서 협력에 가까운 의미의 단어(예: 지원, 공정, 공유, 협력)들을 접한 참가자는 협력 전략을 택하는 경향을 보였다. 반면 경쟁에 관한 단어(예: 다툼, 착취, 대립, 경쟁)들을 본 참가자는 경쟁 전략을 택했다. 즉, 참가자들은 부여받은 단어에 반응해서 특정 목표(경쟁이나 협력)를 추구하는 행동을 했다는 뜻이다.

다시 말하지만 모든 참가자는 게임 전 진행한 문장 재구성 과제가 낚시 게임의 전략 선택에 영향을 주었음을 깨닫지 못했다. 흥미로운 점은 협력과 관련된 단어를 접한 참가자들은 낚시 게임 중에 협력적으로 플레이하라고 직접 지시를 받은 참가자들과 거의 비슷한 수의 물고기를 연못으로 돌려보냈다는 점이다.

사람은 주어진 단어, 자신을 둘러싼 환경에 반응해서 특정 목표(협력이나 경쟁)를 추구한다. 또한 무의식적인 행동은 의식적인 행동과 동등한 결과를 가져올 수 있다는 점도 확실해졌다.

의식적인 행동의
치명적인 약점

잠시 쉬어가는 시간을 가져보겠다. 바로 앞에서 무의식적으로 하는 행동은 의식적으로 하는 행동과 동등한 결과를 낳는다고 설명했다. 그렇다면 무의식을 움직이는 답답하고 복잡한 방법을 쓸 게 아니라 "힘냅시다.", "협력합시다."라고 의식적으로, 직접 말로 전달해도 원하는 결과를 얻을 수 있지 않을까? 의식을 직접 움직이는 방법이 더 쉽지 않을까?

무의식적으로 시행하는 행동은 의식적으로 시행하는 행동과 같은 효과를 낸다. 하지만 당연히 무의식과 의식은 서로 다른 특징이 있다. 그리고 무의식의 힘이 의식의 힘을 능가할 때가 많다. 우리는 다양한 고정관념을 지니고 있다. 때로는 그 고정관념을 억제해야 한다. 그러지 않으면 타인을 비방하거나 차별하거나 공격하는 식으로 바람직하지 않은 행동을 하기 때문이다.

그런데 흥미롭게도 고정관념을 의식적으로 억제하려고 하면 오히려 그것에 따르는 판단이나 행동이 더 강화된다. 심리학계에서는 이를 '사고 억제의 역설적 효과 ironic process theory'라고 부른다. 지금까지 밝혀진 바에 따르면 사고 억제의 역설적 효과는 아이러니하게도 억제 의도가 강할수록 심해졌다. 편견을 보이지 않으려고 생각할수록 편견이 강하다고 드러난다고 하니 왠지 슬픈 일이다. 그래서 '의식적으로 억제하지 말고 무의식에 맡기면 어떨까?'라는 발상을 하게 된 것이다.

이런 의문을 검증한 실험[4]이 있다. 이 실험에서는 외국인 노동자에 대한 고정관념을 의식적으로 억제한 경우와 무의식적으로 억제한 경우의 효과를 비교했다. 일반적으로 외국인 노동자에게 갖는 고정관념에는 '공격적', '야만적', '무능한' 등이 있다고 한다. 미리 말해두지만 이것은 고정관념이지 실제로 그렇다는 말이 아니다.

실험이 진행되자 외국인 노동자의 평범한 하루를 상상해서 쓰도록 한 통제 그룹의 참가자들보다 고정관념을 드러내지 말라고 직접 지시를 받은 참가자들에게서 고정관념에 관련된 표현이 억제되었다. 이런 결과를 보면 "고정관념을 드러내지 마!"라고 직접 지시하는 말도 효과가 있는 것처럼 보인다.

그런데 이후 대상에 느끼는 인상을 평가하는 인상 평정 과제에서 의외의 결과가 나왔다. 사전에 외국인 노동자에 대한 고정관념을 드러내지 말라는 지시를 받은 참가자들은 외국인 노동자가 보낼 하루를 상상해서 쓰게 한 통제 그룹보다 '공격적', '야만적', '무능한' 같은 인상을 더 쉽게 받았다. 이는 '리바운드 효과'라고 부르는 현상이다. 의식적으로 억제하려고 하면 일시적으로는 억제되어도 그 후에 뒤따르는 반동으로 인해 편견이 강해지는 것이다.

한편 미리 평등에 관련된 단어(예: 평등, 공평, 고용 균등)들을 접하게 해서 무의식적으로 고정관념을 억제시킨 참가자들은 의식적으로 억제된 참가자들과 마찬가지로 고정관념을 드러내는 표현을 삼갔다. 게다가 이후의 인상 평정 과제에서도 리바운드 효과가 발생하지 않았다.

왜 무의식적으로 고정관념이 억제된 참가자들에게서는 리바운드 효과가 나타나지 않고, 의식적으로 억제된 참가자들에게서는 나타났을까? '고정관념을 드러내지 않는다'라는 목표에 대해 생각해보자. 부적절한 사고인 고정관념을 억제하려면 다음의 3가지 요소가 필요하다.

① 자신이 고정관념을 갖고 있다는 인식(깨달음)
② 고정관념을 사용하지 않으려는 의식적인 노력
③ 고정관념을 억제하기 위한 자원(마음의 에너지)

즉, 자신이 고정관념을 가지고 있음을 깨닫고 그것을 사용하지 않으려고 노력해도 고정관념을 억제하기 위한 자원이 충분하지 않으면 '고정관념을 드러내지 않는다'라는 목표는 달성되지 않는다는 의미다.

1일 차 강의에서도 말했듯이 마음의 에너지라는 자원은 유한하다. 그래서 의식적으로 고정관념을 억제한 참가자들은 '고정관념을 드러내지 않는다'라는 첫 번째 과제에서 자원을 사용했기 때문에 자원이 고갈되어 이후에 리바운드 효과의 영향을 받았다.

한편 무의식적으로 고정관념을 억제한(억제된) 참가자들은 인상 평정 과제를 실시하기 전에 자원을 거의 사용하지 않았기 때문에 리바운드 효과도 생기지 않았고, 고정관념을 드러내지도 않은 것이다.

앞에서 설명한 대로 무의식적인 힘을 발휘하는 데에는 의지력이 필요하지 않다. 의식적으로 노력하지 않아도 무의식이 자동으로 기능하기 때문에 자원의 고갈을 막고, 다른 일에 집중할 여력을 남길 수 있다. 이런 결과는 의식보다 무의식에 행동을 맡겼을 때 더 효과적인 결과가 나온다는 사실을 의미한다.

4일 차 강의

자각하지 못하는 사이에 동기 부여를 높인다
: 자동 동기 이론

바그를 비롯한 심리학자들은 "인간의 동기 부여는 의식적으로 생겨나는 것이 아니라 환경에서 자극을 받아 무의식중에(자동적으로) 활성화된다."라는 이론을 제창했다. 이 사고방식은 '자동 동기 이론'이라고 불린다.

이번 4일 차 강의 도입부에서 문장 재구성 과제를 소개하면서, 어떤 개념이 활성화되면 무의식중에 그 개념과 연관된 행동이 이루어진다고 가정해서 설명을 했다. 하지만 지금은 그저 가정이 아니라, 무의식이 행동을 유발한다는 것이 과학적으로 입증된 사실이라는 점을 강조해 말하고 싶다. 그리고 동기 부여도 스스로, 의식적으로 자각하지 않고도 높일 수 있다.

바그 연구진은 실험 참가자들에게 알파벳이 나열된 매트릭스에서 지정된 단어를 찾도록 했다. 절반의 참가자들에게는 '승리'나 '달성'이라는 목표 달성과 관련된 단어를 찾게 하고, 나머지 절반의 참가자들에게는 '강'이나 '카펫'

같은 중립적인 단어를 찾게 했다. 그러자 승리나 달성이라는 단어를 찾은 그룹이 그 후 이어진 퍼즐 과제에서 높은 성적을 거두었다.

물론 참가자들은 자신의 성적이 직전에 본 단어에 영향을 받았다는 사실을 전혀 알아차리지 못했다. 이 실험을 통해 달성과 관련된 단어를 보기만 해도 참가자들이 과제 달성에 쏟는 동기 부여가 무의식중에 환기되어, 퍼즐 과제의 성적이 향상되었다고 해석할 수 있다.

앞서 소개했던 바그 연구진의 다른 연구[3]에서도 '노력'과 '성공'이라는 달성과 관련된 단어들을 접한 실험 참가자들이 중립적인 단어들을 접한 참가자들보다 이후에 과제 성적이 높았다고 밝혀졌다.

달성과 관련된 단어를 접할 때 받는 영향은 단순히 과제의 성적 향상에만 그치지 않는다. 실험이 종료되었다고 고지해도 그 과제에 끈질기게 몰두하는 경향, 과제가 중단되어도 재개하는 경향에도 영향을 준 것이다. 이처럼 목표에 관한 개념이 활성화되기만 하면 의식하지 않아도 동기 부여와 수행 능력에 긍정적인 영향을 준다는 사실이 여러 실험·연구를 통해 뒷받침되고 있다.

4일 차 강의

무의식의 힘은
자신이 하고 싶은 일에 협력한다

이제까지 살펴봤듯이 최근의 실험·연구들에 의해 '동기 부여나 수행 능력은 반드시 의식해야만 높아지는 것이 아니다'라는 사실이 속속들이 밝혀지는 중이나. 외적인 자극에 의해 자신도 모르는 사이에 동기 부여가 생기는 경우가 있다. 그러면 그 동기 부여를 채우기 위한 목표도 무의식중에 설정되어 이후의 행동에 영향을 미친다.

여기까지 읽고 '자신도 모르는 사이에 공격이나 폭력이라는 단어를 접하면 다른 사람에게 공격적으로 행동하거나 폭력을 행사할 가능성이 있을까?'라고 생각한 사람도 있을지 모른다. 정말 그런 일이 일어날 수 있을까?

앞서 설명했듯이 '노인은 건망증이 심하다'라고 생각하는 사람들은 노인에 관한 고정관념이 활성하되면 기억력이 떨어졌디. 그에 반해 '노인은 건망증이 심하다'라고 생각하지 않던 사람은 노인에 관한 고정관념이 활성화되어도 기억력이 떨어지지 않았다. 동일한 자극을 접해도 어떤 행동으로 이어지는지는 사람마다 다르다는 뜻이다.

아무리 우리가 환경에 영향을 받는다 해도 원래부터 그런 열망을 강하게 품지 않았으면 행동이 따라오지 않는다. 폭력적인 TV 프로그램을 보고, 흉악한 살인이나 은행 강도를 저지르는 사람은 거의 없다. 무의식적으로 이끌리는 것은 과거에 자신이 의식적으로 선택한 적이 있는 행동이거나 자신에게 중요하다고 느껴지는 행동뿐이다.

조금 화제를 바꿔보자. 심리학계에서는 '지능(능력)'에 대해 2가지 사고방식이 있다고 가정한다. 하나는 지능의 정도가 태어날 때부터 정해져 있으며 '바꿀 수 없다'라는 생각이다. 다른 하나는 지능의 정도는 앞으로의 학습·경험에 따라 '바뀔 수 있다'라는 생각이다. 여러분은 어느 생각 쪽에 더 가까운 사고를 하는가?

지능은 유연해서 학습·경험에 따라 바뀔 수 있다고 생각하는 사람은 도전이나 배움을 통해 자신의 능력을 성장시키고자 목표를 세우는 경향이 있다고 한다. 이에 반해, 지능의 정도는 고정되어 있어서 쉽게 바꿀 수 없다고 생각하는 사람은 주변 사람들에게 자신의 뛰어난 능력을 과시하고, 자신의 능력을 평가하는 성향의 목표를 세운다고 한다.

이런 사람들은 지능의 정도가 일정하고, 늘릴 수 없다고 생각하기 때문에 제한된 것을 최대한으로 보여주는 데 온 힘을 다한다.

자, 이제 어떤 환경(자극)을 접하면 목표가 활성화되고 그에 부합하는 행동으로 연결되는지 무의식 이야기로 돌아가보겠다. 지능은 유연하고 변화한다고 생각하는 사람은 문장 재구성 과제에서 '배우며 익히고 싶다', '실패에서 많은 것을 배운다', '내 능력을 키우고 싶다'라는 글을 작성하는 일을 통해, 과제에 끈기 있게 몰두했다(물론 무의식중에).[5] 또 이런 사람들은 '좋은 평가를 받고 싶다', '실력을 인정받고 싶다', '결과가 중요하다'라는 글을 작성했을 때는 과제에 몰두하는 경향을 보이지 않았다.

대조적으로 지능은 변하지 않는다고 생각하는 사람은 '좋은 평가를 받고 싶다', '실력을 인정받고 싶다', '결과가 중요하다'라는 글을 접했을 때 과제에 몰두하는 경향을 보였다. 그리고 이런 사람들은 '배우며 익히고 싶다', '실패에서 많은 것을 배운다', '내 능력을 키우고 싶다'라는 글을 접했을 때는 과제에 몰두하지 않았다.

결론을 정리해보겠다. 자신의 생각과 일치하지 않는 목

표는 아무리 활성화해도 행동에 영향을 미치지 않고, 자신의 생각과 일치한 목표가 활성화되었을 때 행동이 되어 나타나는 것이다. 다시 말해, 무의식의 힘은 '자신이 하고 싶은 것'에 협력해줄 뿐이다. 이처럼 무의식의 영향은 환경(자극)과 행동이 일대일로 대응하는 결과가 아니라 개인이 지닌 생각·신념에 따라 달라진다.

마찬가지로 환경에 반응하는 동기 부여는 항상 동일하지 않다. 그래서 똑같은 환경이 주어져도 사람마다 다르게 행동한다. 환경은 그와 연결되어 있는 목표를 우리가 자각할 겨를도 없이 활성화시킨다. 다만 처한 상황에 따라 동기 부여가 만들어내는 결과가 다를 뿐이다.

목표는 전염된다
: 타인의 영향력을 조사한 실험

우리는 항상 환경의 영향을 받고, 자각하지 못한 채 많은 행동을 한다. 당연히 환경에는 다른 사람이라는 존재도 포함되어 있다. 인간은 사회적 동물이다. 타인과 함께 살아가

4일 차 강의

면서 다양한 영향을 받는다. 동시에 우리도 타인에게 영향을 주고 있다. 예를 들어, 목표를 향해 열심히 노력하는 누군가의 모습을 보면 사람들은 자신도 모르게 똑같이 목표를 열심히 추구하려고 한다.

이에 대해서도 심리학 실험[6]을 소개하겠다. 실험 참가자들에게 어떤 문장을 읽게 했다. "주인공이 점심을 주문할 때 한번 정했던 메뉴를 다시 생각해서 다른 메뉴로 변경한다."라는 내용을 포함한 문장이다.

- 절반의 참가자들에게는 '모둠회 정식'에서 '생선구이 정식'으로 변경했다는 문장을 읽게 했다.
- 나머지 참가자들에게는 '생선구이 정식'에서 '모둠회 정식'으로 변경했다는 문장을 읽게 했다.

모둠회 정식에는 날생선이 포함된다. 그렇기 때문에 모둠회 정식에서 생선구이 정식으로 변경하는 것은 '위생상의 이유'라고 여기는 경우가 많다. 생선구이 정식에서 모둠회 정식으로 변경하는 경우에는 위생상의 이유로 여기지 않는다.

이런 가정을 확인하기 위해 사전 조사를 진행해, 참가자들에게 주인공이 왜 메뉴를 변경했다고 생각하는지 물었다. 모둠회 정식에서 생선구이 정식으로 변경한 이유에는 위생상의 문제가 많이 거론되었다. 반면 생선구이 정식에서 모둠회 정식으로 메뉴를 변경한 경우에는 모양새, 취향, 기분 등 다양한 이유가 거론되었다. 위생상의 관점에서 메뉴를 변경했다고 생각한 사람은 아무도 없었다.

다시 실험 이야기로 돌아가겠다. 참가자들이 메뉴가 변경되었다는 문장을 읽은 뒤 실험자는 다양한 종류의 쿠키가 담긴 통과 소독제를 트레이에 싣고 나타났다. 그리고 "실험에 참가한 답례로 쿠키 3개를 드릴 테니 원하는 것을 가져가세요. 옆에 있는 것은 소독제입니다. 자유롭게 사용하세요."라고 말했다.

이때 손을 깨끗이 하는 데에 소독제를 사용하는지 확인하고, 사용한 경우에는 사용량을 측정했다. 그러자 주인공이 모둠회 정식에서 생선구이 정식으로 메뉴를 바꿨다는 문장을 읽은 참가자들은 이와 반대로 바꿨다는 문장을 읽은 참가자들보다 소독제를 더 많이 사용했다. 왜 이런 결과가 나왔을까?

지금까지의 내용을 파악한 여러분은 쉽게 이유를 짐작할 것이다. 주인공이 모둠회 정식에서 생선구이 정식으로 메뉴를 바꿨다는 문장을 읽은 참가자들은 위생을 지키기 위해 메뉴를 변경했다고 여겼다. 주인공에게 '위생에 신경을 쓴다'라는 목표가 있다고 추측하자 참가자들에게도 주인공의 목표가 전염되어서 소독을 철저히 했다고 해석된다.

즉, 우리는 어떤 목표를 지향하는 다른 사람의 존재에 영향을 받아 자신의 목표를 세우기도 하는 것이다. 심리학계에서는 이런 현상을 '목표 전염'이라고 부른다. 어떤 목표의 달성을 지향하는 다른 사람의 모습을 보면 사람은 동일하게 목표 달성을 원하게 된다는 의미가 담긴 용어다.

놀라운 점은 더 있다. 실험 중 주인공이 위생에 신경을 쓴다는 목표가 있다는 사실을 참가자들에게 직접 전달하지 않았다는 점이다. 그럼에도 모둠회 정식에서 생선구이 정식으로 메뉴를 바꾼 주인공의 의도를 참가자들은 위생 때문이라고 추측했고, 그렇게 추측한 목표가 참가자 자신에게 전염되었다.

다른 사람의 목표가 전염되는 현상을 믿을 수 없다는 사람들을 위해 다른 실험[7]도 소개한다. 참가자들에게 어행 제획을 짜는 대학생에 관한 짧은 이야기를 읽게 했다. 다만 이 이야기를 2가지 버전으로 전했다.

- 절반의 참가자들은 '이 대학생이 여행을 가기 전에 1개월 동안 농장에서 아르바이트를 했다'라는 이야기를 읽었다.
- 나머지 참가자들은 '이 대학생이 여행을 가기 전에 1개월 동안 커뮤니케이션 센터에서 자원봉사를 했다'라는 이야기를 읽었다.

아르바이트에는 돈을 번다는 의미가 포함되어 있는 반면 자원봉사에는 돈을 번다는 의미가 포함되어 있지 않다. 참가자들은 이야기를 읽은 다음 컴퓨터 작업을 지시받았다. 이 컴퓨터 작업에는 보상이 주어지며, 작업을 빨리 처리할수록 높은 보상을 받을 수 있다.

실험 결과, 아르바이트하는 이야기를 읽은 참가자들은 자원봉사하는 이야기를 읽은 참가자들보다 10%나 빨리 작업을 끝냈다. 이 결과는 아르바이트 이야기에 감화된 참가자들이 자신도 돈을 벌고자 컴퓨터 작업에 집중했다는 사실을 시사한다.

이 실험에서도 대학생이 농장에서 아르바이트를 했다는 정보만 전달했을 뿐 그가 돈을 벌겠다는 목표를 세웠다고 참가자들에게 직접 알려주지 않았다. 그럼에도 농장에서 아르바이트한다는 대학생의 행동을 읽고, '그가 여행 자금을 빌겠다는 목표를 세웠다'라고 추측한 참가자들에게 목표가 전염된 것이나.

다만, 무조건 다른 사람의 목표가 전염되는 건 아니다. 농장에서 아르바이트를 하는 대학생의 이야기에 영향을 받은 참가자들은 돈이 부족한 대학생들이었다. 저축을 충분히 해서 어느 정도의 돈을 보유한 대학생들에게는 목표 전염 효과가 나타나지 않았다. 이는 곧 원래부터 금전적인 욕구가 강한 참가자들에게만 이야기 속 대학생의 돈에 관한 목표가 전염되어, 실제로 돈을 벌 수 있는 과제에 의욕이 높아졌음을 보여준다.

앞서 동일한 자극은 긴체도 행동으로 이어지는지, 미는지 여부는 사람에 따라 다르다고 말했다. 타인의 목표를 접했을 때 자신이 무의식중에 품고 있던 목표가 활성화되면 그때 바로 행동에 영향을 받는 것이다.

무의식의 힘을 활용하는 방법
: 눈에 띄는 곳에 트리거를 배치한다

우리는 평소 스스로의 행동은 자신이 통제할 수 있다고 생각한다. 하지만 이번 4일 차 강의에서 살펴봤듯이, 꼭 그렇지는 않다. 종종 자신의 행동 원인을 구체적으로 특정하거나 설명하기 어려운 것처럼 우리는 스스로의 행동을 완벽히 통제할 수 없다. 항상 환경의 영향을 받으며 많은 행동이 자각 없이 이루어진다.

최근 심리학계는 사람의 모든 행동에 의식과 무의식이라는 2가지 시스템이 작동한다는 가정을 기정사실화하고 있다(4-2를 참조).

무의식은 자동화되어 있어서 의식에 비해 부하가 적고, 높은 효율성을 갖추고 있다. 무의식을 이용하면 일이 착실히 진행될 뿐 아니라 노력도 별로 필요하지 않다.

반면 의식은 반성, 자각, 의도를 동반하는 분석적이고 정교한 심리 과정이므로 의식적으로 주의를 기울여 과제에 몰두하면 정보 처리를 더 정교하게 해야 한다. 그리고 무의

	의식적인 행동	무의식적인 행동
심리 과정	반성, 자각, 의도를 동반한다.	자동화되어 있다.
심리적 부하	크다.	적다.
자원의 소비	의지력을 발휘하는 데에 자원이 고갈된다.	의지력을 발휘하는 데에 자원이 고갈되지 않는다.
효과적인 상황과 행동	높은 주의력이 필요한 상황. 정교한 정보 처리를 요하는 행동.	효율적으로 처리하고 싶은 상황. 반복되는 행동.

4-2. 의식과 무의식의 사이

식보다 부하가 크기 때문에 의지력을 발휘하는 데 필요한 자원이 꽤나 고갈되어 곧 수행 능력이 떨어진다.

이처럼 의식과 무의식, 각각의 작용에는 장단점이 있다. 의식과 무의식의 작용을 잘 이해하고, 자신의 상황에 유리한 쪽을 선택해서 이용해야 목표가 손쉽게 달성된다.

여기까지 살펴본 것처럼 사소한 계기나 무의식중에 포착한 단서들이 우리의 동기 부여나 목표 추구에 큰 영향을 미친다. 목표를 추구할 때 모든 행동을 의도적 · 의식적으로 할 필요는 없다.

거듭 강조해서 말했듯이, 우리가 쓸 수 있는 활동 자원은 한정되어 있다. 목표를 실행할 때는 상당한 노력이 필요하기 때문에 의지력에만 기대는 것은 현실적이지 않으며, 무리해서 그리할 필요도 없다. 또한 의욕이 없을 때는 의식적인 작용을 해서 의욕을 높이는 일도 쉽지 않다. 의식적으로 의욕을 돋우려 하다가 여러 폐해가 생길 가능성(예: 열심히 하겠다는 의지가 중압감으로 작용해 오히려 실패를 초래한다)도 크다.

그럴 때 활용해야 하는 것이 무의식의 힘이다. 우리 인간은 행동을 자동화시켜서 의식에 기대지 않고도 목표를 달성하도록 이끄는 무의식의 힘을 이미 지니고 있다. 무의식은 의지력이 거의 필요하지 않고 자동적으로 작용한다. 따라서 무의식을 활용하지 않을 이유가 없다.

무의식적인 행동을 쉽게 촉진하는 신호를 잘 활용하자. 행동하기 위한 신호를 여기저기에 준비해두는 것이다. 집 안을 둘러보며 다이어트, 금연 등 자신이 세운 목표에 신호 즉, 트리거가 될 만한 것이 있는지 확인해보자. 목표와의 연결을 확실히 일깨우는 것이면 무엇이든 트리거가 될 수 있다. 트리거나 부족하다고 느껴지면 더 많이 놓아두자.

- 건강을 위해 욕실 한쪽에 체중계를 둔다.
- 방에서 눈에 띄는 곳에 트레이닝복을 걸어서 빨리 손에 잡힐 수 있도록 준비한다.
- 냉장고를 달콤한 간식으로 가득 채우는 대신 신선한 과일을 넣어둔다.
- 공부(일)에 쉽게 착수할 수 있도록 책상 위에 스마트폰이나 만화책 대신 공부(일)에 관련된 책을 올려 놓는다.
- 자신의 목표나 이와 관련된 격언을 넣은 이미지 파일을 만들어서 컴퓨터 바탕 화면으로 설정한다.
- 커다란 글씨로 To Do List를 써서 잘 보이는 곳에 붙여둔다.

눈에 띄는 장소에 이렇게 행동을 촉발하는 계기가 될 만한 트리거들을 놓아서 무의식중에 목표를 향해 행동하도록 자신을 준비시키자. 마치 인제든 방아쇠를 당길 수 있도록 총을 장전해두는 것처럼 말이다.

앞선 실험에서 언급했듯이 누군가 목표를 좇는 모습을 보면 그 모습이 강력한 계기가 되어 무의식중에 동일한 목표를 좇으려고 한다. 자신과 동일한 목표를 지향하는 사람을 모델로 삼으면 목표를 향한 동기 부여를 향상시킬 수도 있다. 이것도 하나의 심리 전략이다.

무의식 모드로
자원을 절약한다

이번 장의 서두에서 운전을 할 때는 일일이 의식하지 않아도 연계된 행동이 자연스럽게 이루어진다고 이야기했다. 우리는 특별히 의식하는 일 없이 자연스럽게 핸들을 조작한다. 하지만 운전 중에 게릴라성 집중 호우를 만나면 상황은 완전히 달라진다.

타이어가 노면에 제대로 마찰되고 있다는 감각을 얻을 때까지 신중하게 감속하고, 앞의 차와 거리를 충분히 벌린다. 그리고 세심하게 후방을 확인한다. 또 자신의 존재를 드러내기 위해 헤드라이트를 켠다. 이렇게 머릿속은 의식 모드로 전환되어 운전 집중도가 단숨에 높아진다. 그러고 나서 호우가 지나가고 날이 맑아지면 다시 또 무의식 모드로 돌아가서 운전을 계속한다.

이런 식으로 필요할 때만 의식적으로 의지력을 발휘하고, 그 외의 부분을 자동화시키면 의식에 가해지는 부담을 대폭 줄일 수 있다. 제한된 의지력은 유용하게 사용해야 한다. 무작정 모든 것을 의식하며 의지력으로 상황을 움직이려 하기보다는 무의식의 힘에 행동을 맡기고, 필요할 때만 의지력을 사용하는 것이 목표 달성으로 이어지는 지름길이다. 의식의 유연성과 무의식의 효율성을 잘 조합한다면 지금보다 수월하게 목표 달성을 향해 나아갈 수 있을 것이다.

5

꾸준함을 농력으로 삼는
심리 전략

장기전을 헤쳐 나가기 위해
생각해볼 것들

목표가 있어도 행동하려고 마음먹은 순간부터 달성하는 순간까지는 장애물을 마주한다. 처음 한 걸음을 내딛지 못하기도 하고, 중간에 의욕이 끊길 수도 있으며, 목표를 달성해도 그 다음의 행동으로 연결되지 않는 경우도 있다. 많은 사람이 어느 단계에서는 좌절을 겪는 것이다.

이렇게 장애물을 마주하는 이유는 목표로 향하는 과정을 하나의 연속적인 흐름으로만 파악하고 있기 때문이다. 실제로는 단계마다 직면하는 과제도, 필요한 해결책도 다르다.

5일 차 강의에서는 목표 달성까지 가는 길고 긴 여정을 세 단계로 구분해서 각 지점에서 어떻게 행동해야 하는지 생각해보고자 한다.

- 목표를 추구하기 전
- 목표를 추구하는 도중
- 목표를 달성한 이후

새삼스럽게 말할 필요도 없겠지만 목표를 정했어도 달성하기 위해 행동으로 옮기는 일은 상당히 힘들다. 해야 한다는 사실을 머리로는 알고 있어도, 다이어트를 하거나 헬스장에 다니거나 공부에 열중하는 일은 실행 자체가 그리 간단하지 않다.

지금까지의 강의에서는 행동을 촉발하기 위한 전략과 기법에 관해 설명했다. 운동, 다이어트, 금연, 절약, 공부라는 목표를 향한 동기 부여가 자연스럽게 높아지는 때는 언제일까? 그 타이밍을 알면 목표를 향해 행동하는 일이 쉬워질 수도 있다.

동기 부여가 높아지는 때는 언제일까?

여러분이 목표를 설정하는 일 혹은 설정한 목표를 실행하는 과정에서 자연스럽게 의욕이 솟아나는 때는 언제라고 생각하는가?

새 출발 효과를 이용한다
: 시작 전 적용하는 심리 전략

동기 부여가 자연스럽게 높아지는 타이밍을 조사한 연구[1]가 있다. 미국인들을 대상으로 한 연구로, 다이어트라는 목표에 초점을 맞추어 언제 의욕이 생기는지 조사했다. 미국인의 약 3분의 2는 과체중 또는 비만이다. 그렇기 때문에 다이어트, 건강한 식생활은 중요한 관심사다.

미국인들이 다이어트는 단어를 인터넷(구글 검색 엔진)으로 검색하는 시기를 조사했다. 관심이 생기면 일단 검색부터 해서 정보를 얻는 경우가 많은 사람의 습성을 이용한 것이다.

조사 결과 새해가 시작될 때, 새로운 달이 시작될 때, 새로운 일주일이 시작될 때 많은 사람이 다이어트를 검색한다고 나타났다. 《뉴욕 타임스》가 새로운 다이어트 약물에 관련된 기사를 내서 화제가 된 직후보다 새해에 10배 이상의 사람들이 다이어트라는 단어를 검색했다. 놀라울 따름이다.

참고로 이런 정보가 인터넷 검색 엔진의 일반적인 시계열 패턴(시간의 흐름에 따라 주기적으로, 계절적으로 반복되는 변화 양상)에 기인하고 있을 가능성도 고려해서, 평소 자주 검색되는 단어도 조사해보았다. 예를 들어 뉴스, 원예, 세탁, 날씨 같은 단어들 말이다. 하지만 이런 단어들에서는 다이어트와 동일한 계통의 패턴이 나타나지 않았다. 새해에는 뉴스나 원예 같은 단어의 검색량이 많지 않았다는 의미다.

따라서 새해가 시작될 때, 새로운 달이 시작될 때, 새로운 주가 시작될 때 특정 목표(여기에서는 다이어트)에 대한 관심이 높아진다고 할 수 있다. 물론 다이어트라는 단어를 인터넷에서 검색한다고 해서 반드시 바로 그 행동에 착수하는 것은 아니지만 어쨌든 이런 현상은 목표 추구에 흥미가 생기고 의욕이 높아짐을 의미한다. 이는 곧 행동 개시를 위한 첫걸음이자 행동을 예측하는 요인이 된다.

이후 연구가 쌓여 실제 행동을 지표로 한 검토가 이루어졌다. 그러자 헬스장이나 목표 설정 사이트의 이용률도 한 주, 한 달, 한 해, 학기의 시작일 그리고 공휴일, 방학, 생일 직후에 높아진다는 사실을 발견할 수 있었다. 바로 이때 목표와 관련된 활동이 증가했다.

이런 타이밍을 심리학계에서는 '시간적 랜드마크temporal landmarks'라고 부른다. 또한 시간적 랜드마크가 발생한 직후에 목표(예: 다이어트, 운동)를 추구하는 경향이 강해지는 현상을 '새 출발 효과fresh start effect'라고 한다.

시간적 랜드마크는 하루하루의 사소하고 평범한 사건들이 계속되는 가운데, 그런 날들과는 명백히 다른 특별한 날을 가리킨다. 대표적인 시간적 랜드마크는 다음과 같다.

- 사회적인 시간표의 전환점(예: 휴일, 한 주/한 달/한 해/학기의 시작일)
- 개인적인 사건, 첫 경험(예: 첫 데이트)
- 인생의 전환점(예: 결혼식)
- 반복적으로 일어나지만 중요한 사건(예: 생일)

시간적 랜드마크가 새로운 시작으로 얼마나 중요하게 인식되는지는 그 랜드마크가 문화적·직업적·종교적으로 어떻게 받아들여지는지, 자신에게 어느 정도로 의미 있게 느껴지는지에 달려 있다.

예를 들어, 보통 사람들에게는 36세 생일이 별로 중대한 사건이 아니다(그렇다고 해도 생일은 보통날과는 달리 시간적 랜드마크에 속한다). 하지만 중국계 사람들에게는 36세 생일이 12간지 주기의 새로운 시작에 해당되어서 '새로운 인생의 시작점'처럼 느껴진다고 한다. 또한 첫 번째 경험(예: 새로운 도시로 처음 이사왔을 때)은 중대한 경험으로 여겨져서 훗날의 비슷한 경험(예: 몇 번이나 새로운 도시로 이사했을 때)보다 새로운 주기가 시작되는 것처럼 느껴진다.

일본 서점에서 NHK의 라디오 강좌 교재가 4월호는 중요 매대에 놓여 있지만 5월호나 6월호는 잘 눈에 띄지 않는 것처럼 말이다(일본에서 새 학기는 4월에 시작된다). 인간의 목표 추구에 대한 행동 습성 즉, 새 출발 효과를 잘 이해하는 서점의 전략이라고 볼 수 있다.

왜 시간적 랜드마크 직후에
의욕이 높아질까?

그러면 왜 우리는 시간적 랜드마크 직후에 목표 추구를 실행하려고 할까? 대부분의 사람들은 목표 달성에 필요한 시간과 노력을 쏟을 자제력이 없어서 실행을 뒤로 미룬다. 다이어트, 운동, 금연, 공부를 반복적으로 미루고는 반성하는 나날을 보낸다. 그런 매일 속에서 시간적 랜드마크는 과거, 현재, 미래의 시간 경과를 구분하는 벽으로 기능한다.

여러분도 해가 바뀌면 새로운 상태가 된 듯한 감각을 경험한 적이 있지 않은가? 바로 그때가 '새로운 나'가 탄생한 것처럼 느끼는 순간이다. 12월 30일에서 31일로 바뀔 때는 그런 기분이 들지 않는데, 12월 31일에서 1월 1일로 바뀔 때는 마치 자신도 새로워진 것처럼 느낀다. 어느 하루에서 다른 하루로 이행한다는 점에서는 같은데 신기할 따름이다. 마찬가지로 생일을 맞이할 때도 새로운 마음을 품는 경우가 많다.

시간적 랜드마크에 따라 새로운 출발을 하는 감각은 과

거의 자신과 현재의 자신(혹은 미래의 자신) 사이에 심리적인 거리를 만들어낸다. 그리고 거리감은 목표를 실행하려는 '시작'을 촉진하는 몇 가지 심리적 과정을 자극한다. 시간적 랜드마크를 분기점으로 삼아 과거의 한심했던 자신을 분리하고, 형편없었던 자신을 과거로 내쫓는다. 언제나 나태했던 못난 자신과 작별한다. 과거의 자신에게 이별을 고하고 새로운 자신으로 거듭나면 효능감이 높아지고, 목표를 향한 행동을 개시하고자 하는 동기 부여가 생긴다.

확실히 과거의 '나'는 중요한 일을 뒤로 미루기만 하는 한심한 사람이었다. 하지만 그것은 이미 과거 이야기다. 시간적 랜드마크를 기점으로 새롭게 시작하는 일로 그렇지 않은 자신 즉, '자제력이 강한 나', '계획을 실행하고 목표를 달성하는 나'를 인식하고, 그런 인식에 따라 행동하고자 하는 심리인 것이다.

이렇게 시간적 랜드마크를 계기로 삼아 심리적으로 뒤떨어진 과거의 자신에게서 분리되면 우리는 과거보다 바람직한 행동을 취하고자 하는 의욕이 생긴다. 새로운 도전에 강한 의욕을 보이거나 목표 달성을 위해 한층 더 열의를 불태우게 된다.

사람들은 대개 시간적 랜드마크가 새로운 시작을 알릴 때 목표를 향해 움직이기 시작한다. 시간적 랜드마크가 목표 시작의 계기가 되는 셈이다. 이런 이점이 있는 시간적 랜드마크를 제대로 활용하지 않을 이유가 없다.

평범하고 단조로운 나날 속에도 시간적 랜드마크는 곳곳에 산재해 있다. 우리 눈에 띄지 않을 뿐이다. 예를 들어 한 주가 시작될 때 이 시간적 랜드마크를 강하게 의식해보자. 그러면 목표 지향적인 행동이 평소보다 쉽게 뒤따를 수 있다.

시간적 랜드마크에 맞춰 헬스장에 등록하거나 도서관에서 공부할 계획을 세우는 것도 꽤 훌륭한 전략이다. 의지력에 기대지 않아도 자연스럽게 목표를 향해 움직이기 시작할 기회다.

진행 상황을 스스로 모니터링한다
: 중도의 심리 전략

목표가 있어도 이를 달성하기 위해 꼭 해야 할 일이 있다. 바로 자신이 얼마나 나아졌는지 모니터링(자기 검시)하는 일이다. 목표에 얼마나 가까이 다가갔는지 알지 못하면 도착 지점에 도달할 수 없다.

목표를 달성하기 위해 무작정 노력하는 것이 아니라 스스로 날마다 얼마나 나아졌는지 확인해야 한다. 자신이 얼마나 잘했는지 알지 못하면 잘못된 행동이 나타났을 때 이를 바로잡을 수도 없고, 계속해서 의욕을 유지하기도 어렵다. 이는 우리 뇌의 기능적인 측면에서 봤을 때 자연스러운 일이다.

뇌는 무의식중에 지금 자신의 상태와 자신이 원하는 바람직한 상태를 비교한다. 덕분에 그 2가지 모습이 서로 거리가 있을 때는 자연스럽게 다양한 반응을 보인다. 거리를 좁히도록 주의를 기울이고, 정보를 처리하고, 노력하는 식이다.

그러나 목표까지의 거리를 파악하지 못하면 지금의 자신과 바람직한 자신 간의 차이를 의식할 수 없고, 차이를 메우기 위한 행동을 해야 할지 말아야 할지 판단할 수도 없다. 그러면 의욕이 나지 않는다. 집중할 수 없는 상황이 되고 마는 것이다. 지금의 자신과 이상적인 모습의 자신이 얼마나 다른지 그 거리를 파악해보자. 두 모습이 얼마나 떨어져 있는지 알지 못하면 아무것도 시작할 수 없다.

2가지 진행 상황 파악법
: '지금까지 사고'와 '앞으로 사고'

이제부터는 목표를 추구할 때 중요한 진행 상황의 파악법을 설명하겠다. 진행 상황을 확인할 때는 사람마다 다른 방법을 사용한다.

예를 들어, 10km 마라톤을 하는 중이다. 6km 지점을 통과한 시점에서 '지금까지 6km 달렸다'라고 파악하는 방법도 있고, '앞으로 4km 더 달려야 한다'라고 파악하는 방법도 있다. 체중 5kg 감량하기를 목표로 하는 사람이 2kg 감량에 성공했을 때 '지금까지 2kg 빠졌다'라고 파악할 수도 있고, '앞으로 3kg 더 빼야 한다'라고 파악할 수도 있다.

이렇게 목표 달성에 관한 진행 상황을 파악하는 방법에는 대표적으로 두 종류가 있다. 하나는 목표의 개시 상태(목표 추구를 시작한 시점, 시작점)를 기준으로 지금까지의 간척에 주목하는 '지금까지to-date 사고'다. '지금까지 6km 달렸다', '지금까지 2kg 빠졌다'라고 생각하는 것이 '지금까지 사고'다. 또 하나는 목표가 최종 상태(목표를 달성한 시점, 도착점)를 기준으로 해서 지금부터 만들어내야 하는 진척에 주목하는 '앞으로to-go 사고'다. '앞으로 4km 더 달려야 한다', '앞으로 3kg 더 빼야 한다'가 '앞으로 사고'에 속한다.

다시 말해 '지금까지 사고'란 목표 달성에 관한 진행 상황을 파악할 때 어디까지 완수했는지, 지금까지 진행된 거리에 주목하는 사고방식이다. 반면 '앞으로 사고'란 앞으로 얼마나 더 해야 하는지, 목표까지의 거리에 주목하는 사고방식이다.

지금까지 사고도 앞으로 사고도 현재의 진행 상황을 확인할 때 모두 중요하게 작용한다. 하지만 주의해야 한다. 지금까지 달성한 것과 아직 달성하지 못한 것, 어느 쪽으로 눈을 돌리느냐에 따라 동기 부여에 크나큰 차이가 생기기 때문이다.

> 생각해보기

어떤 사고방식을 선택해야 동기 부여가 높아질까?

지금까지 사고와 앞으로 사고 중 어느 쪽이 목표 달성에 대한 동기 부여를 더 높일까? 현재 손대고 있는 일이나 과제, 자격증 취득을 위한 공부, 다이어트 등 여러분이 몰두하고 있는 목표에 맞추어 구체적으로 이미지를 떠올리면서 생각해보자.

거리가
가까운 쪽을 보라

사실 어느 한쪽의 사고가 항상 유리하다는 단순한 이야기를 하고 싶은 게 아니다. 진행 상황에 따라 사고방식을 다르게 적용해야 효과적이기 때문이다. 구체적인 심리 전략은 이렇다. 지금 자신이 시작점과 도착점 중 어느 쪽에 가까운지를 비교해서 가까운 쪽으로 시선을 돌린다. 그렇게 하면 지금까지 착수해온 일이 제대로 성과를 낸다고 실감할 수 있고, 동기 부여가 향상된다.

5-1의 위쪽 그림을 보자. 10km 마라톤에 도전 중인데 아직 3km밖에 달리지 않았다. 이렇게 조금 진행한 단계에서는 현재 위치(3km 지점)에서 봤을 때 도착점(10km 지점)보다 시작점(0km 지점)의 거리가 더 가깝다. 그래서 기준점을 시작점으로 두고, 지금까지 3km 달렸다고 파악하는 지

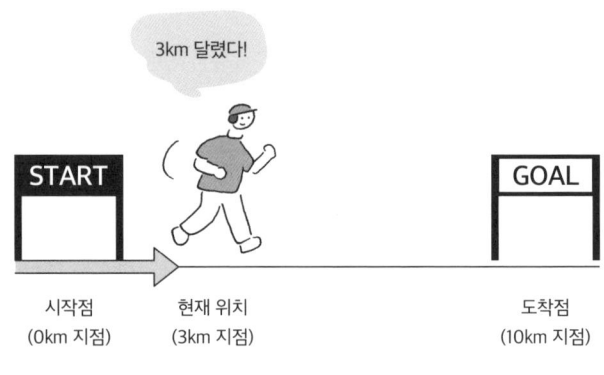

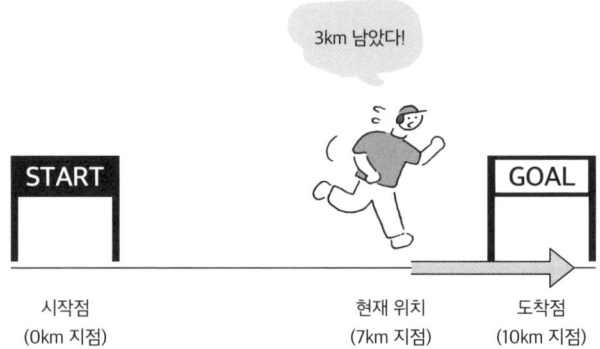

5-1. 지금까지 사고와 앞으로 사고

금까지 사고를 이용하는 편이 의욕을 내기 쉽다.

이번에는 5-1의 아래 그림을 보자. 마찬가지로 10km 마라톤에 도전하는 중이다. 이미 7km까지 달린 단계에서는 현재 위치(7km 지점)에서 봤을 때 시작점(0km 지점)보다 도착점(10km 지점)이 더 거리상 가깝다. 따라서 기준점을 도착점으로 두고, 앞으로 3km 달리면 된다고 파악하는 앞으로 사고를 이용하는 편이 의욕을 북돋기 좋다.

어느 쪽 사고를 이용할 때 의욕이 더 커질지 현명하게 택해야 한다. 현재 위치에서 출발점과 도착점 중 어디가 더 가까운지 파악하고, 전략을 구분해서 이용하길 바란다.

진행 상황이 절반인 경우에는?
: 시험 공부 실험

그렇다면 딱 절반 정도 진행되었으며 어떻게 해야 할까? 컵에 물이 절반 차 있을 때 '아직 절반이 남았다'고 보느냐, '이제 절반밖에 없다'고 보느냐에 따라 생각과 행동이 크게 달라진다는 유명한 비유기 있다.

여러분은 진행 상황이 딱 절반 지점에 머물렀을 경우, 예를 들어 10km 마라톤에서 5km를 달렸을 때 '5km 달렸다'라고 보는가, 아니면 '5km 남았다'라고 보는가?

진행 상황이 딱 절반일 경우에는 어떻게 생각해야 의욕이 높아지는지를 살펴본 실험[2]을 소개한다. 이 실험은 대학생 참가자들에게 '일주일 후 시험이 있는 상황'을 상상하도록 했다.

- 절반의 참가자들에게는 시험 범위 중 절반 가량을 공부했다고 전했다.
- 나머지 참가자들에게는 시험 범위 중 대략 절반이 남았다고 전했다.

전자가 지금까지 사고, 후자가 앞으로 사고다. 그리고 시험 과목으로 필수 과목과 선택 과목이 있다고 2가지 버전을 준비해 상상하도록 했다. 그렇게 준비한 이유는 목표를 이루고자 하는 결의의 차이를 측정하기 위해서다.

대학생들에게 필수 과목은 중요하다. 필수 과목의 학점을 따지 못하면 다음 해에 다시 이수해야 하므로 열심히 공

진행 상황의 파악법 목표에 보이는 결의의 강도	절반 끝냈다! 지금까지 사고	절반 남았다! 앞으로 사고
필수 과목 공부 (→ 의욕이 강하다)	의욕이 나는 것은 어느 쪽 사고?	
선택 과목 공부 (→ 의욕이 약하다)	의욕이 나는 것은 어느 쪽 사고?	

5-2. 어느 쪽 시점에서 의욕이 높아지는가?

부한다. 많은 대학생이 마음을 단단히 먹고 필수 과목의 시험 공부에 돌입할 것이다. 반면 선택 과목은 필수 과목을 공부할 때만큼 의욕이 나지 않는다. '무조건 필요한 학점은 아니라서…', '대충 공부해도 되지 않을까?'라는 마음에 의욕이 애매모호한 사람도 많을 것이다.

그러면 실험에 참가한 대학생들의 동기 부여에는 어떤 차이가 나타났을까?

목표에 쏟는
의욕이 약할 때

실험 결과를 살펴보겠다. 선택 과목의 경우(목표에 의욕이 강하지 않은 경우)는 지금까지 사고가 앞으로 사고보다 시험 공부에 보이는 동기 부여를 높였다. 목표에 쏟는 의욕이 모호할 때는 우선 그 목표를 추구하는 데 결심을 굳게 다지는 일이 중요하다. 결심이 약하면 앞으로 나아가기가 쉽지 않다. 도중에 그 행동을 그만둘 가능성도 크다.

그래서 '어디까지 해냈는가'에 눈을 돌리는 지금까지 사고를 이용하면 결심을 강하게 굳힐 수 있다. 지금까지 이룬 것은 자신이 목표를 향해 강한 결심을 품고 있다는 신호가 되고, 그런 결심을 일관되게 지켜나가려는 심리가 작용하기 때문이다. 이때 과거의 노력에 눈을 돌리면 '내가 이만큼 이나 했으니 나는 틀림없이 이 목표에 강한 의욕이 있는 거야'라고 생각할(믿을) 수 있다.

여러분은 대부분 굳게 마음먹은 일을 열심히 할 것이다. 반대로 말하자면 열심히 해낸 노력은 스스로에게 강한 의욕을 불러일으킨다. 이루고자 하는 목표에 대한 의욕이 모호할 때는 결심을 굳히기 위해 지금까지 이룬 것에 초점을 맞춰야 자신이 지금까지 노력을 쌓아 왔으므로 이 목표에 강한 의욕을 품고 있다고 뇌가 생각한다.

아직 이루지 않은 것에 초점을 맞추면 목표에 강한 의욕을 품기가 어렵다. '해야 할 일이 많이 남아 있어'라고 생각하게 되어서 오히려 동기 부여가 떨어질 수도 있다.

Break Time

'매몰 비용의 저주'를 역이용하자

잠시 환기 시간을 가져보자. 심리학에는 '매몰 비용 sunk cost 의 저주'라는 용어가 있다. 이는 지금까지 해온 일에 초점을 맞추면 그 일을 계속했을 때 헛수고가 되는 게 명백하더라도 계속해서 비용, 시간, 노력을 쏟는 상태를 가리킨다. 두자를 이어가면 돈을 전부 잃을 것이라는 사실을 알고 있음에도 지금까지 투자한 금액이 아까워서 잃은 돈을 되찾고자 계속 투자하는 경향을 보이는 듯 말이다.

딸이 어린 시절에 우리는 자주 인형 뽑기를 했다. 인형 뽑기 경품은 아이의 눈에는 매력적으로 보일 테다. 딸이 당시 인기였던 〈겨울왕국〉에 등장하는 올라프 인형을 뽑아달라고 졸라서 하는 수 없이 인형 뽑기에 돈을 넣었다.

1천 엔 정도 쏟아부었을 때 '아무리 해도 못 뽑는다'라고 깨달았지만 1천 엔이나 넣었으니까 본전을 찾을 때까지는 멈출 수 없다고 생각했다. 결국 2천 엔이나 썼다. 차라리 장난감 가게에서 올라프 인형을 구매하는 게 더 나았을지도 모른다. 이런 행동은 그야말로 '저주'다.

이처럼 매몰 비용의 저주는 의사 결정(예: 투자를 지속할지 여부)의 부정적인 측면에서 언급되는 경우가 많다. 하지만 사실은 매몰 비용의 저주를 역으로 이용하면 목표를 추구하는 행동에 더욱 몰두할 수도 있다.

앞서 의욕이 모호한 경우에는 지금까지 해놓은 것에 초점을 맞추는 편이 효과적이라고 설명했다. 지금까지 해놓은 것에 눈이 향하면 좋든 싫든 우리는 매몰 비용을 생각해 그 목표를 계속 추구하는 상태를 강화한다.

목표에 대한
의욕이 강할 때

다시 실험 이야기로 돌아가보자. 필수 과목에는 지금까지 사고, 앞으로 사고 중 어느 쪽이 효과적이었을까? 필수 과목의 경우(목표에 외욕이 높은 경우)는 방금 전 언급한 실험과는 반대의 결과가 나왔다. 앞으로 사고가 지금까지 사고보다 시험 공부에 보이는 동기 부여를 높인 것이다.

목표에 굳은 결의가 있다면 새롭게 결심을 다질 필요가 없다. 이미 마음을 굳게 먹고 목표를 향한 행동에 돌입해 있을 것이다. 이런 경우에는 지금 자신의 상태와 자신이 원하는 바람직한 상태의 차이에 초점을 맞추는 편이 효과적이다. 그래야 두 모습 간의 거리를 줄여서 목표를 달성할 수 있도록 노력하기 때문이다.

2일 차 강의에서도 언급했듯이 우리는 현재 상태와 이상적으로 생각하는 목표 사이의 격차를 인식해서 긴장 상태를 해소하려는 방향 즉, 목표 달성이라는 방향을 향해 나아간다. 따라서 목표에 의욕이 강한 경우에는 목표까지 남은

목표에 보이는 결의의 강도 \ 진행 상황의 파악법	절반 끝냈다! 지금까지 사고	절반 남았다! 앞으로 사고
필수 과목 공부 (→ 의욕이 강하다)		동기 부여가 높다.
선택 과목 공부 (→ 의욕이 약하다)	동기 부여가 높다.	

5-3. 실험 결과

거리에 눈을 돌려야 동기 부여가 된다.

이처럼 진행 상황이 딱 절반 정도면 자신의 의욕을 먼저 확인해봐야 한다. 이때 지금까지 사고와 앞으로 사고 중에 어느 쪽이 더 동기 부여가 되는지는 이루고자 하는 목표에 얼마나 의욕을 품었느냐에 따라 달라진다.

자선 단체에서 모금 활동을 진행했을 때[2]도 동일한 결과가 나왔다. 1만 달러의 기부금을 목표로 하는 상황이었다. 이 단체에 처음 기부금을 내는 사람(의욕이 약한 사람)에게는 "목표액의 절반까지 이미 모였습니다."라고 지금까지 사고 화법으로 말했을 때 기부금을 많이 냈다. 대조적으로 이

전부터 이미 기부금을 내던 사람(의욕이 강한 사람)에게는 "목표액까지 앞으로 절반 남았습니다."라고 말하는 앞으로 사고 화법이 더 많은 기부금을 내도록 유도할 수 있었다.

자신이 추구하는 목표에 대한 결심의 정도, 얼마나 각오하고 목표를 이루려고 하는지 아닌지를 고려해서 더 유리한 쪽의 심리 전략을 골라야 한다. 다행히 심리 전략을 선택하는 일은 그리 어렵지 않다.

지금까지의 여정을 되돌아본다
: 목표 달성 후의 심리 전략

이제 5일 차 강의의 마지막에 이르렀다. 지금부터는 목표 달성 후에 초점을 맞춰서, 목표를 지속적으로 추구하려면 어떻게 해야 하는지 생각해볼 예정이다. 다양한 심리 전략과 기법을 구사해서 순조롭게 목표를 달성한 후에는 어떻게 해야 할까? 물론 목표를 달성한 일을 기뻐하고, 열심히 한 스스로를 칭찬하는 일을 잊어서는 안 되지만(그렇게 하면 성취감이 높아진다), 여기에서는 그 후의 일을 묻고자 한다.

심리학계에는 목표를 추구하기 전과 목표를 추구하는 도중에 관한 연구는 많다. 하지만 목표를 달성한 후에 대한 연구는 별로 없다. 무사히 목표를 달성했으니까 그 후의 일은 생각하지 않아도 되는 걸까?

목표 달성 후의 행동에 관한 연구는 별로 없지만 한정된 연구 중에서 흥미로운 부분을 발견했다. 목표를 달성하면 사람들은 대부분 그 목표를 위해 했던 행동을 중단하거나 다른 목표를 세우는 경향을 보였다는 점이다. 얼핏 적응적인 행동처럼 보인다. 하지만 이런 행동에는 위험이 따른다.

예를 들어, 5kg을 뺀다는 목표를 위해 식사 제한과 운동을 했던 사람이 목표를 달성했다고 식사 제한과 운동을 중단하면 어떻게 될까? 혹은 5kg을 뺀다는 목표를 달성했으니 맛있는 음식을 실컷 먹는다는 다른 목표로 옮겨가면 어떻게 될까? 요요 현상이 와서 눈 깜짝할 새에 원래의 체중으로 돌아갈 것이다. 그렇다면 목표 달성 후에도 행동을 지속하려면 어떻게 해야 할까?

여기에서 또 심리학[3]의 도움을 받아보자. 목표를 달성한 사람에게 5-4의 왼쪽 그림을 보여주며 "현재 당신은 '목적지'에 도착했다."라고 전했다. 이렇게 결과에 초점을 맞추게

5-4. 목표 달성 후의 상태를 목적지라고 파악하는 경우(왼쪽 그림)와 여정이라고 파악하는 경우(오른쪽 그림)

한 사람은 목표에 부합하는 행동에서 이탈하기 쉽다는 결과가 나왔다.

대조적으로 5-4의 오른쪽 그림을 보여주며 "현재 당신은 긴 여정을 걸어왔다."라고 전해서 목표 추구의 과정에 초점을 맞추게 한 사람은 목표 달성 후에도 목표에 부합하는 행동을 지속하는 경향을 보였다.

건강 증진을 위해 10만 보를 걷는 프로그램에 참가한 사람들을 대상으로 프로그램 완료 후 3일 동안의 걸음 수를 조사했다. 프로그램이 끝났을 때 5-4의 왼쪽 그림을 보여주고 목적지에 초점을 맞추게 한 참가자들은 3일 동안 평균 9,997보를 걸었다.

반면 5-4의 오른쪽 그림을 보여주며 목표 추구의 과정에 초점을 맞추게 한 참가자들은 3일 동안 평균 1만 5,447보를 걸었다. 목적지를 의식한 참가자의 걸음 수보다 여정을 의식한 참가자들의 걸음 수가 1.5배나 많았던 것이다.

또한 아프리카의 경영 교육 프로그램을 완수한 경영자들에게서도 동일한 결과가 도출되었다.[3] 프로그램을 완수한다는 목표를 달성한 자신의 상태를 목적지에 도착했다고 인식한 경영자는 그렇게 인식하지 않은 경영자에 비해 목표에 부합하는 행동(예: 프로그램에서 배운 상거래 지식을 사업에 도입하고 실천)을 그만두는 경향을 보였다.

이에 반해 목표를 달성한 자신의 상태를 길을 더듬어온 것처럼 생각한 경영자는 이후에도 지속적으로 노력하는 모습을 보였다. 목표 달성을 도착으로 생각해 끝내는 것이 아니라 그곳으로 가는 진행 과정을 되돌아보고, 성장을 실감해야 지속적인 행동으로 연결된다.

나는 이런 사고방식을 30년 동안 좋아하고 있는 일본의 밴드 미스터 칠드런Mr. Children의 노래 〈끝없는 여행〉을 듣고 문득 떠올렸다. 데뷔 이후 단숨에 인기 아티스트 자리에 오른 미스터 칠드런이 5년 만에 돌연 활동 중단을 선언하고, 1년 반의 휴식 이후 복귀하면서 발표한 대표작이다. 괴로운 일이 있어도 목표를 향해 계속 나아가는 일을 멈추지 않는 미스터 칠드런의 결의가 깃든 모습이 담겨 있어서 많은 사람에게 용기를 북돋아주는 응원가가 되었다.

마찬가지로 우리 인생은 계속 목표를 따라가는 '끝없는 여행'이다. 이 노래의 한 구절이 심리학을 연구하는 내게 특히 와닿았다.

"달려나간 길은 되돌아보지 않는 거야."

지금까지 책을 읽은 여러분은 알 것이다. 이 가사를 들으면 지금까지 필사적으로 걸어온 길(과거)을 되돌아보지 말고, 미래만 내다보면서 나아가자(활동해나가자)고 결의를 다지는 미스터 칠드런의 강한 의지가 느껴진다.

그러나 이 가사와는 달리 목표를 달성한 후에도 목표에 부합한 행동을 지속하려면 지금까지 달려온 길을 되돌아보는 일도 중요하다. 그래야 시작 상태부터 목표를 달성한 최종 상태까지의 여정에 초점을 맞추어 자신의 성장으로 시선이 향하고, 자기 성장감을 느끼며, 목표 달성 후에도 자발적으로 목표와 관련된 행동을 지속할 수 있다.

목표를 추구하는 끝없는 여행은 앞으로도 계속될 것이다. 때로는 오래 달리기 위해서 미스터 칠드런처럼 걸음을 멈추고 발밑을 다시 살피는 휴식이 필요할 수도 있다. 그럴 때는 지금까지 걸어온 여정을 찬찬히 되돌아보면서 자신의 성장을 확인해보기 바란다.

지금까지 사고와 앞으로 사고를
구분해 사용한다

목표 달성으로 가는 길은 길고 긴 여정이다. 그렇기 때문에 이번 강의에서는 그 길을 '목표 추구의 시작', '목표 추구 도중', '목표 추구가 끝난 이후'로 구분해서 각각 어떻게 해야 목표를 달성하기 쉽게 행동할 수 있는지 살펴보았다.

우선 목표 추구를 시작하는 단계에서는 심리적으로 부담이 크고, 행동을 시작하기가 어렵기 때문에 새 출발 효과를 잘 이용해서 자연스럽게 움직이도록 자신을 조정하는 것이 효과적이다.

다음으로 목표를 추구하는 중간 단계에서 특히 중요한 것은 자신이 현재 어느 위치에 있는지, 얼마나 목표를 향해 나아가고 있는지를 모니터링하는 일이다. 모니터링하지 않으면 동기 부여 시스템이 제대로 작동하지 않는다.

진행 상황이 좋지 않을 때 현실을 직시하는 것은 괴로운 일이다. 하지만 목표에 도달하려면 자신의 진행 상황을 외면해서는 안 된다. 게다가 진행 상황을 어떻게 파악하느냐 따라 목표 추구에 대한 의욕이 달라지기 때문에 지금까지 사고와 앞으로 사고를 잘 구분해서 사용해야 한다.

마지막으로 무사히 목표를 달성했을 때 아무 생각이 없으면 우리는 목표와 관련된 행동을 그만두는 방향으로 기울어지는 성질이 있다. 그럴 때는 지금까지 해온 일에 시선을 돌려서 자신이 걸어온 여정, 스스로의 성장을 확인하는 것이 중요하다.

일 차 강의

초점을 바꾸면
동기 부여가 달라진다

'살을 빼고 싶은 사람'과
'살찌고 싶지 않은 사람'의 차이

친구인 A와 B는 얼핏 보면 살을 빼기 위한 행동을 하는 듯하지만 두 사람이 목표를 파악하는 방식과 접근법은 완전히 다르다.

A는 '살을 빼고 싶다'라는 목표를 향해 노력 중이다. 운동에 열심이고, 관리실에도 다닌다. '살이 빠지는 비법' 같은 제목이 붙은 잡지 기사나 유튜브 영상을 찾아보고, 바로 시도해본다. 효과가 없을지도 모른다는 생각은 하지 않는다. 다소 비용이 들어도 다이어트 제품을 발견하면 구매한다. 이처럼 A는 조금이라도 성공할 가능성이 있는 한 다소

의 리스크나 비용은 생각하지 않고 목표를 향해 매진한다. 여러 방식을 시도하고 싶은 갈망의 감정을 품고 있다.

　반면 B는 '살찌기 싫다'라는 목표를 향해 노력한다. 칼로리가 높은 음식을 먹지 않고, 간식을 삼간다. 식당에 가면 메뉴의 칼로리 표기를 속속들이 확인한다. 살찔 우려가 있는 음식은 일절 배제하려는 듯 보인다. 효과가 있더라도 리스크가 따르는(요요가 올 가능성이 있는) 식사법은 절대 시도하지 않는다. B는 실패할 우려가 있는지 없는지 고려한 뒤에 판단한다. 리스크에 대한 경계심을 품고 있다.

　살을 빼고 싶은 것과 살찌고 싶지 않은 것, 둘의 목표(이상적인 최종 상태)는 같지만 사고방식은 완전히 다르다. 사고방식이 다르기 때문에 목표에 접근하는 방식도 다르다. 심리학자인 토리 히긴스에 따르면 이런 2가지 사고방식의 차이는 관점의 차이가 된다.

　A의 접근 방식은 히긴스가 '성취 지향형'이라고 하는 사고에 초점을 맞추고 있다. 성취에 초점을 맞추는 것은 무언가를 손에 넣거나 달성하고 싶다고 갈망하는 마음에서 생긴다. 이익을 얻는 데 주목하는 것이다. A는 이상적인 체형을 갖고 싶은 마음이 간절하다.

B의 접근법은 히긴스가 '안정 지향형'이라고 하는 사고에 초점을 맞추고 있다. 안정에 초점을 맞추는 태도는 안전과 위험에 주목한다. 책임과 의무를 다하는 태도며, 이미 가진 것을 잃지 않고 싶다는 마음이 크다. 손실을 피하는 데 주목한다. 칼로리가 높은 음식을 섭취하지 않도록 주의를 기울이고 있을 때 B는 살이 찐다는 리스크를 피하려고 하는 것이다.

대학생들에게서도 이런 차이를 볼 수 있다. 시험 전의 대학생들을 관찰하면 좋은 성적을 받고 싶어서 시험 공부를 열심히 하는 학생과 나쁜 성적을 받고 싶지 않아서 시험 공부를 열심히 하는 학생이 있다. 양쪽 모두 시험 성적을 위해 열심히 노력하지만 접근 방식이 다르다.

전자의 학생은 수업에서 나온 과제 이외의 내용, 예를 들어 수업에서는 사용하지 않은 전문 서적을 읽고 해석하거나 세미나에 참석하는 것을 선호한다. 하지만 후자의 학생은 수업에서 나온 과제를 주의 깊게 몇 번이고 수행하는(어려운 문제를 지나치지 않는) 방식을 선호한다.

운동선수들에게서도 이와 같은 차이를 볼 수 있다. 테니스 선수 중에는 실수를 두려워하지 않으며 라인에 아슬아

슬하게 걸치는 서브를 날리는 공격 중시형 선수, 확실한 플레이를 하면서 상대방의 실수를 기다리는 수비 중시형 선수가 있다. 투자자들도 마찬가지다. 수익이 크지만 리스크(손실)도 큰 운용을 선호하는 투자자, 수익은 크지 않지만 리스크(손실)도 크지 않은 운용을 선호하는 투자자로 나뉜다.

이렇게 동일한 목표를 지향하는 듯해도 성취 지향형과 안정 지향형, 어느 쪽의 사고에 초점을 맞추느냐에 따라 차이가 크게 나타난다. 대부분의 사람은 성취 지향형과 안정 지향형 중 하나의 사고에 초점이 맞춰져 있다.

6일 차 강의에서는 성취 지향형과 안정 지향형의 차이에 주목한다. 둘 중에 누가 더 뛰어나다는 식의 이야기가 아니다. 양쪽 모두 장단점이 있다.

성취 지향형과 안정 지향형 중 당신은 어느 쪽인가?

누구나 양쪽 모두의 사고를 한다. 하지만 대개 어느 한쪽의 사고를 선호하고, 그런 사고가 일상의 선택, 감정, 행동에 영향을 미친다. 그렇기 때문에 자신이 어떤 유형에 속하는지 파악하고 자신에게 맞는 심리 전략을 사용해야 한다.

이번 강의에서는 3가지 방법을 통해 여러분이 성취 지향형과 안정 지향형 중 어느 쪽 사고에 초점을 맞추고 있는지 살펴보겠다.

① 행동으로 파악한다

우리가 진행한 실험에서 참가자들에게 점 잇기를 해 달라고 한 적이 있다. 단, 실험에서는 6-1의 점 잇기보다 점 개수가 많고 복잡한 도면을 주었다.

점 잇기는 1부터 순서대로 점과 점을 선으로 연결했을 때 그림이 완성되는 퍼즐이다. 실험에서는 제한 시간 내에 (30초 이내) 가능한 한 정확하게, 가능한 한 빨리 점을 잇도록 지시했다.

여러분이 그런 지시를 받았다면 점을 어떻게 연결할 것인지 생각해보자. 6-1의 점을 연결해봐도 된다. 점을 몇 개 건너뛰는 실수를 하더라도 개의치 않고 가능한 한 많은 점을 연결하기 위해 속도를 중시하겠는가? 아니면 실수를 피하고 속도가 느려도 좋으니 정성껏 정확하게 점을 연결하

6-1. 점 잇기

겠는가? 직접 해보면 알겠지만 속도를 중시하면 정확성이 떨어진다. 실수를 방지하기 위해 공을 들이면 속도가 떨어진다. 정확성 대신 속도를 희생하는 것이다.

이렇게 점 잇기는 한쪽을 중시하면 다른 한쪽이 성립되지 않는 상태 즉, 두 요소(속도와 정확성)를 동시에 충족시킬 수 없는 이율배반적 관계를 이루는 과제다. 이런 이율배반적 관계는 성취 지향형과 안정 지향형이 보이는 관점의 차이를 잘 나타낸다.

성취 지향형인 사람은 무언가를 얻거나 앞으로 나아가기를 갈망하기 때문에 속도를 중시한다. 때로는 실수할 때도 있지만 개의치 않는다. 빨리 앞으로 나아가고 싶고, 완성하고 싶어 한다.

한편 안정 지향형인 사람은 착실히 일을 진행하는 것을 선호한다. 위험이나 손실이 발생하는 상황을 경계하기 때문에 정확성을 중시한다. 그로 인해 속도는 느려지지만 안전을 유지하는 것 즉, 실수를 피하는 일이 무엇보다 중요하다. 여러분은 어느 쪽인가?

② 감정으로 파악한다

다이어트, 운동, 금연, 공부처럼 자신이 지향해온 목표가 달성되었을 때 어떤 기분이 드는가? 또 그 목표가 달성되지 않았을 때는 어떤 기분인가? 성취 지향형인 사람도 안정 지향형인 사람도 일이 성공적일 때는 긍정적인 감정을, 실패했을 때는 부정적인 감정을 경험하지만 각각 품는 감정의 결이 다르다.

성취 지향형은 목표를 달성하면 기쁨, 자신감, 행복감 등의 감정을 느낀다. 안정 지향형은 목표를 달성하면 안심, 만족감, 평온한 기분을 경험한다. 이 차이는 일이 잘 진행되지 않을 때 생기는 감정에도 대응된다. 성취 지향형은 목표 달성에 실패하면 낙담, 슬픔 등의 감정을 쉽게 느낀다. 안정 지향형은 목표 달성에 실패하면 불안, 패닉, 긴장, 위협을

	성취 지향형	안정 지향형
목표를 달성하면…	기쁨, 자신감, 행복감	안심, 만족감, 평온한 기분
목표를 달성하지 못하면…	낙담, 슬픔	불안, 패닉, 긴장, 위협

6-2. 성취 지향형과 안정 지향형

느낀다.

성취 지향형은 이루고 싶은 이상적인 목표를 추구하기 때문에 목표가 이루어지면 강한 쾌감(기쁨, 자신감, 행복감)을 느끼고, 달성하지 못하면 낙담의 감정을 느끼는 것이다. 반면 안정 지향형은 완수해야 한다는 책임감으로 목표를 추구하기 때문에 목표가 이루어지지 않았을 때는 강한 불쾌감(불안, 패닉, 위협)을 느끼고, 달성했을 때는 안도한다.

이처럼 성취 지향형과 안정 지향형은 목표를 달성했을 때 맛보는 기분도, 목표 달성에 실패했을 때 느끼는 감정도 다르다. 여러분은 목표가 달성되었을 때 혹은 달성하지 못했을 때 어떤 기분이 드는가?

③ 설문 조사로 파악한다

이번에는 질문과 답을 통해 자신이 성취 지향형 경향이 강한지, 안정 지향형 경향이 강한지 확인해보자. 다음의 질문을 읽고 자신에게 맞는 문항에 ○ 표시를 하면 된다.

해당되는 문항은 몇 개인가?

Q1. 어떻게 해야 자신의 목표나 희망을 이룰 수 있을지 자주 상상한다.

Q2. 미래에 어떤 사람이 되고 싶은지 자주 생각한다.

Q3. 염원하는 일이 이루어지는 모습을 자주 그려본다.

Q4. 나중에 되고 싶지 않은 자신의 모습에 관해 자주 떠올린다.

Q5. 어떻게 해야 실패를 막을 수 있을지 자주 생각한다.

Q6. 두려워하는 나쁜 사건이 자신에게 벌어지는 모습을 자주 상상한다.

전반의 질문(1, 2, 3)에 동의하는 사람은 성취 지향형, 후반의 질문(4, 5, 6)에 동의하는 사람은 안정 지향형이다. 다만 이런 특징은 '들어맞는지 아닌지' 이분법적으로 나뉘는 것이 아니다. 어느 정도가 들어맞는지는 사람마다 정도가 다르다. 그래서 심리학 연구에서는 이런 특징에 얼마나 해당되는지를 묻고(1 전혀 해당되지 않는다, 2 별로 해당되지 않는다… 6 조금 해당된다, 7 매우 해당된다), 그 정도(점수)를 보고 성취 지향형인지 안정 지향형인지 판단한다.

이 설문 조사로는 연구에 참여한 것처럼 정밀하게 측정되지는 않지만 그래도 어느 정도 경향을 나눌 수는 있다. 여러분은 전반과 후반 중 어느 쪽에 더 많이 ○를 표시했는가?

이렇게 3가지 방법으로 성취 지향형과 안정 지향형 중어느 유형에 속하는지 살펴보았다. 자신의 유형을 판단할 수 있었는가? 다시 강조해 말하지만 어느 한쪽이 좋다는 말이 아니다. 중요한 것은 자신의 유형에 맞는 전략을 사용하는 일이다.

성취 지향형과 안정 지향형의 근본적인 심리

잠시 쉬는 시간을 가져보자. 우리가 성취와 인정에 초점을 맞추려고 하는 이유에 관해 생각해보겠다. 인간에게는 2가지 기본적인 욕구가 있다. 하나는 사랑받고 싶은 욕구

초점을 바꾸면 동기 부여가 달라진다   205

고, 다른 하나는 안전을 확보하고 싶은 욕구다. 성취 지향형
과 안정 지향형이 목표를 이루고자 할 때 이 2가지 욕구에
서 차이가 발생한다.

어린아이가 살아가려면 부모에게 식사, 돌봄, 애정을 받
아야 한다. 또 어른이 되고 나서도 주변 사람들에게 물리적
혹은 정신적인 지원을 받는 일이 필수적이다. 그렇기 때문
에 인간은 이런 비호나 지원을 받아서 성장 기회를 얻고자
하는 근본적인 욕구를 갖추고 있다.

이런 욕구를 충족시킬 수 있도록 행동을 조절하는 것이
성취 지향형의 목표다. '무언가를 이룬다', '이상적인 능력을
터득한다'라는 성취 지향형의 목표는 궁극적으로는 애정을
얻기 위함이다. 이상적인 사람이 되면 다른 사람들에게 칭
찬을 받고, 애정에 둘러싸인 삶을 살 수 있기 때문이다.

또 하나, 안전을 확보하려는 욕구도 중요하다. 몸에 가해
지는 위협을 피하는 일은 생사와도 관련된 중요한 문제다.
그래서 인간은 위험을 물리치고 안전을 확보하려는 근본적
인 욕구를 지니고 있다.

안전을 확보하려는 욕구를 충족시키는 것이 안정 지향
형의 목표다. '책임을 다하고 실수를 피한다'라는 목표를 추

구하는 것은 궁극적으로 자신의 몸을 지키기 위해서다. 다른 사람들이 요구하는 일을 해내면 누구도 화를 내거나 실망하지 않는다. 실패하지 않는 한 문제는 일어나지 않고, 평화와 안전이 충족된 삶을 살 수 있다.

이처럼 인간은 사랑받고 싶은 욕구와 안전을 확보하고 싶은 욕구를 충족시키기 위해 각각 성취 지향 초점과 안정 지향 초점을 발달시켰다.

자신의 유형에 맞는
전략을 사용한다

성취 지향 또는 안정 지향의 초점은 목표를 향해 매진하는 행동에도 큰 영향을 미친다. 성취 지향형은 적극적이고 리스크를 두려워하지 않는 접근 방식을 취한다. 반면 안정 지향형은 주의 깊고 신중한 접근 방식을 선호한다.

따라서 유형에 맞는 최적의 접근 방식을 골라야 한다. 성취 지향형의 목표에는 성취 지향형에게 맞는 접근법을, 안정 지향형의 목표에는 안정 지향형에게 적합한 접근법을 선택해야 동기가 부여된다. 그래야 목표도 달성하기 쉽다.

또한 최적의 접근법을 선택하면 올바른 일을 하고 있다는 느낌이 든다. 목표를 추구할 때 중요한 건 결과만이 아니다. 여정도 중요하다. 적절한 접근법은 그 길을 바르게 가고 있다는 느낌을 준다. 올바른 길을 간다는 확신은 동기 부여와 인내력을 높여준다.

자신의 목표와 초점에 맞는 전략을 이용하자. 성취 지향형과 안정 지향형의 사고 구조를 이해하면 목표와 행동을 적절하게 선택할 수 있고, 목표 도달로 향하는 여정도 즐길 수 있다. 이제부터는 성취 지향형과 안정 지향형이 각각 어떤 전략을 사용해야 할지 알아보겠다.

유형별 효과적인 계획 수립법
: 리포트 제출 실험

3일 차 강의에서 에세이를 쓸 시간과 장소를 미리 정하기만 해도 에세이 제출률이 부쩍 올랐다는 실험 결과를 설명했었다. 간단한 계획을 세우는 단순한 방법만으로도 목표 달성률이 부쩍 올라간다는 이야기였는데, 성취 지향형과 안정 지향형도 마찬가지로 '어떻게' 계획을 세우느냐에 따라 목표 달성률이 달라진다.

먼저 실험[1]을 소개하겠다. 참가자들에게 리포트를 쓰는 과제를 주었다. 돌아오는 토요일을 어떻게 보냈는지 정리하는 내용의 리포트다. 리포트를 다 쓰면 우편으로 보내거나 실험실에 찾아와서 직접 제출하도록 했다. 그리고 참가자들에게 리포트를 언제, 어디서, 어떻게 쓸 것인지 다음의 A나 B 중 하나의 방법을 상상하라고 했다.

- A: 좋은 결과를 낼 방법을 생각한다.
- B: 안 좋은 결과를 피할 방법을 생각한다.

절반의 참가자들에게는 A를 상상하게 했다. 구체적으로 '리포트를 쓸 수 있는 쾌적하고 자신에게 편리한 시간대', '리포트를 쓸 수 있는 쾌적하고 조용한 장소'를 상상하라고 했다. 그리고 마지막으로 '가능한 한 상세하게 쓰고, 얼마나 흥미로운 내용으로 쓸 것인지' 상상하도록 했다.

나머지 절반의 참가자들에게는 B를 상상하게 했다. 구체적으로 '다른 일정이 겹쳐 리포트를 쓸 수 없는 자신에게 불리한 시간대', '리포트를 쓸 수 없는 피해야 할 장소'를 상상해보고, 마지막으로 '모든 세부 사항을 빠짐없이 쓰고, 얼마나 지루하지 않게 쓸지' 생각하도록 했다. 성취 지향형과 안정 지향형의 제출률은 어떻게 달라졌을까?

결과를 보자. 성취 지향형이 A의 방식을 사용했을 때 리포트 과제의 제출률은 74%였다. 반면 성취 지향형이 B의 방식을 사용했을 경우 제출률은 53%에 그쳤다. 안정 지향형이 A의 방식을 사용했을 때 리포트 과제의 제출률은 45%였다. 반면 안정 지향형이 B의 방법을 사용했을 경우 제출률은 74%나 되었다.

- 성취 지향형인 사람에게는 A의 '좋은 결과를 낼 방법을 생각한다'가 효과적이었다.
- 안정 지향형인 사람에게는 B의 '안 좋은 결과를 피할 방법을 생각한다'가 효과적이었다.

이처럼 성취 지향형과 안정 지향형은 같은 목표를 두고도 최적의 계획을 세우는 방법이 다르다.

쓰는 방법	A 좋은 결과를 낼 방법을 생각한다.	B 안 좋은 결과를 피할 방법을 생각한다.
언제	리포트를 쓸 수 있는 쾌적하고 편리한 시간대.	다른 일정이 겹쳐 리포트를 쓸 수 없는 불리한 시간대.
어디에서	리포트를 쓸 수 있는 쾌적하고 조용한 장소.	리포트를 쓸 수 없는 피해야 할 장소.
어떻게	가능한 한 상세하게 쓰고, 얼마나 흥미롭게 쓸지	모든 세부 사항을 빠짐없이 쓰고, 얼마나 지루하지 않게 쓸지.

성취 지향형의 제출률이 높다.	안정 지향형의 제출률이 높다.

6-3. 리포트 제출 실험

유형별 효과적인 진행 상황 파악법
: 2가지 사고 실험

다음은 진행 상황을 파악하는 방법이다. 5일 차 강의에서는 진행 상황을 파악하는 방법이 목표에 대한 동기 부여를 결정한다고 설명했다. 목표에 대한 의욕이 높은 경우, 목표에 이르기까지 진척된 상황이 절반 정도일 경우에는 앞으로 사고를 이용하면 효과적이라고 말했다. 단, 이런 앞으로 사고도 성취 지향형과 안정 지향형에 따라 다른 효과를 불러온다.

내가 진행한 실험[2]에서는 다음과 같은 결과가 나왔다. 과제를 대략 절반 정도 마쳤을 때 성취 지향형에게는 "절반을 끝냈다."라고 전달하기보다 "절반이 남았다."라고 전달하는 편이 과제에 몰두하는 시간이 길어졌다. 한편 안정 지향형에게는 "절반이 남았다."라고 말하기보다 "절반을 끝냈다."라고 말했을 때 과제에 몰두하는 시간이 길어졌다. 성취 지향형에게는 앞으로 사고가, 안정 지향형에게는 지금까지 사고가 적합한 것이다. 이유가 무엇일까?

6-4를 보자. 자신의 현재 위치를 0이라고 가정해보겠다. 어떤 목표를 달성하기 위해 남은 과제에 관한 정보를 받았을 때 그 정보는 현재 위치(0)에서 목표 달성이라는 도착점 (+1)으로 전진해야 함을 의미한다. 대조적으로 자신이 이미 달성한 부분에 관한 정보를 받을 때 그 정보는 시작점(−1)에서 현재 위치(0)까지 문제없이(손실 없이) 진전되었음을 의미한다.

성취 지향형은 무언가를 얻거나 전진하고 싶다는 갈망에 기반해서 움직이기 때문에 앞으로 사고가 시너지 효과를 낸다. 반면 안정 지향형은 안전 유지, 책임·의무의 완수를 위해 움직이기 때문에 지금까지 사고가 적합하다.

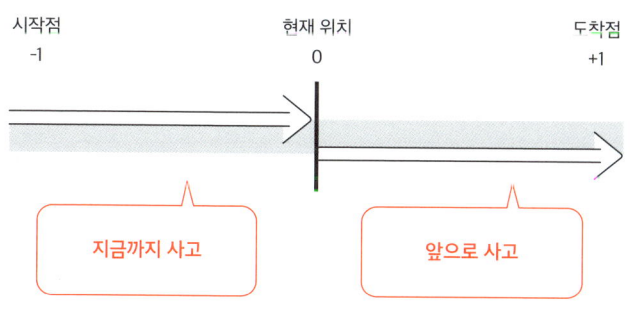

6-4. 지금까지 사고와 앞으로 사고

동기 부여를 높이는 전달법
: 피드백 실험

목표를 향해 행동하면 언젠가 피드백을 받을 때가 온다. 회사원이면 상사의 피드백에 의욕이 오르락내리락하는 경험을 해봤을 것이다. 부하 직원에게 피드백하는 방법을 두고 고민하는 사람도 많다. 중요한 시험을 앞두고 공부하는 중이면 모의 시험 결과에 일희일비하기도 한다.

(생각해보기)

어떤 피드백이 효과적일까?

그러면 A와 B 중에서 어느 쪽의 피드백을 받았을 때 의욕이 오르고, 그 후에 성과가 향상될까?

A: 긍정적인 피드백(성과가 좋다고 전달한다).

B: 부정적인 피드백(성과가 나쁘다고 전달한다).

일반적으로 목표를 달성할 전망이 높으면 동기 부여를

유지하기 쉽다고 생각하므로 좋은 피드백을 환영할 것이라고 여긴다. 하지만 긍정적인 피드백이 항상 바람직하지는 않다. 피드백에 대한 반응은 그 사람이 성취 지향형인지, 안정 지향형인지에 따라 달라진다.

이번에도 실험[3]을 소개한다. 참가자들에게 어떤 과제를 냈다. 이때 참가자들에게 성적이 상위 30% 이내에 들어가는 것을 목표로 하라고 말했다. 과제 송료 후 설반의 참가사들에게는 긍정적인 피드백을, 나머지 절반의 참가자들에게는 부정적인 피드백을 주었다.

- 긍정적인 피드백: 당신의 성적은 상위 30% 이내다.
- 부정적인 피드백: 당신의 성적은 상위 30% 이내에 들지 못했다.

위와 같이 피드백을 고지했다. 그 후 동일한 과제를 또 시켰는데 이번 과제의 성적은 6-5에 나타냈다. 그래프의 세로축이 과제의 수행 능력 점수다. 수행 능력 점수가 평균값인 0이 되도록 환산했다. 위로 갈수록 수행 능력이 높은 것을 의미한다.

6-5를 보면 성취 지향형에게는 긍정적인 피드백이, 안정 지향형에게는 부정적인 피드백이 각 과제의 수행 능력을 높이는 방법이라는 점을 알 수 있다. 우리가 진행한 실험[4]에서도 동일한 결과가 나타났다.

긍정적인 피드백을 주었더니 성취 지향형은 이상적이라고 여기는 상태를 추구하는 데에 주목했다. 이런 목표 추구법은 이익을 얻는 일에 초점을 맞추는 성취 지향형에게 적합하다. 반면 부정적인 피드백을 받자 성취 지향형은 의욕이 떨어졌다. 그들은 실패할지도 모른다고 느끼면 의욕을

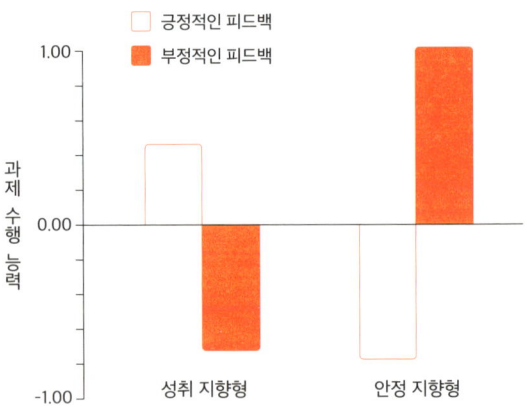

6-5. 성취 지향형과 안정 지향형에 따른 피드백의 효과

6일 차 강의

잃는다.

부정적인 피드백을 받으면 안정 지향형은 실패에 따르는 손실과 바람직하지 않은 결과를 회복하는 일에 주목한다. 이런 목표 추구법은 손실을 회피하는 일에 초점을 맞추는 안정 지향형에게 알맞다. 안정 지향형인 사람은 성공할 가능성이 떨어지면 오히려 동기 부여가 향상된다.

안정 지향형의 동기 부여는 경계 즉, 위험에서 멀어지고 싶다는 욕구 그 자체다. 그래서 부정적인 피드백을 주면 경계심이 높아져 동기 부여가 오른다. 그 결과 수행 능력이 향상된다.

일반적으로 긍정적인 사고가 장려되고는 한다. 하지만 긍정적인 사고방식이 반드시 옳은 건 아니다(물론 긍정적인 사고를 해서 동기 부여가 향상되는 사람도 있다). 안정 지향형이 하는 부정적인 사고는 단순한 부정적인 사고가 아니다. 이들은 매사가 좋지 않은 방향으로 진행될지도 모른다는 가정을 하고 성공 기대를 낮춰, 발생할 수 있는 트러블에 대비함으로써 실패를 피한다.

성취 지향형, 안정 지향형은 각각의 유형에 맞는 피드백을 받으면 동기 부여가 높아지고, 그 결과 수행 능력노 향상된다. 그래서 상대방의 유형에 따라 긍정적·부정적인 피드백을 적절히 전달하는 일이 중요하다. 그리고 스스로도 자신의 유형에 맞는 적절한 피드백을 받아야 한다.

'저렇게 되고 싶어서 움직이는 사람', '저렇게 되고 싶지 않아서 자극받는 사람'

원고를 집필하는 지금은 파리 올림픽이 한창 진행 중이다. 이번 올림픽도 많은 감동을 자아내고 있다. 올림픽 선수들을 보고 저 사람처럼 되고 싶다고 생각해서 운동에 매진하는 사람도 종종 있다. 또한 바람직하지 않은 행동을 하는 사람을 보면 그 사람처럼 되고 싶지 않으려고 자신을 가다듬게 되기도 한다.

이렇게 자신에게 큰 영향력을 주는 타인을 '롤모델'이라고 부른다. 롤모델에는 긍정적인 롤모델과 부정적인 롤모델이 있다. 긍정적인 롤모델은 뛰어난 성공을 거둔 인물들을 주로 가리키며, 부정적인 롤모델은 바람직하지 않은 상황에 선 인물을 가리킨다. 이렇게 긍정적·부정적 롤모델을

6일 차 강의

선망하는 일에 따른 효과도 성취 지향형과 안정 지향형에게서는 다르게 나타난다.

롤모델과 관련된 실험[5]을 소개하겠다. 이 실험에서는 긍정적인 롤모델, 부정적 롤모델 2명이 실험에 참가한 대학생들에게 이야기를 건넸다.

긍정적인 롤모델은 대학생들과 같은 학부를 최근 막 졸업했고, 구직 활동 중에 대기업 몇 군데에서 입사 제의를 받았다. 그는 "인생에 매우 만족하고 있고, 미래에 희망을 느끼고 있다."라고 이야기했다.

한편 부정적인 롤모델은 대학생들과 같은 학부를 최근 막 졸업했지만 직장을 찾지 못했고, 생계를 위해 패스트푸드점에서 일하고 있다. 그는 "인생이 잘 풀리지 않고, 앞으로 어떻게 살아가야 할지 모르겠다."라고 풀 죽은 모습으로 이야기했다. 이때 다음과 같은 사항을 알 수 있었다.

- 성취 지향형 학생들은 긍정적인 롤모델의 이야기를 듣고 동기 부여가 되었다.
- 안정 지향형 학생들은 부정적인 롤모델의 이야기를 듣고 동기 부여가 되었다.

부정적인 롤모델의 이야기를 들은 안정 지향형 학생들은 그 후 몇 주 동안 평소보다 열심히 공부했고, 과제도 늦지 않게 제출했다.

긍정적인 롤모델은 이상적이고 바람직한 자신의 모습, 긍정적으로 목표를 달성한 상황, 향상되고자 하는 마음과 연관되어 있다. 이런 특징은 성취 지향형에게 적합하다. 부정적인 롤모델은 이른바 '반면교사反面教師'다. 두려운 상태, 피해야 할 자신의 모습, 재난을 당할 가능성, 문제 상황을 일으킬 수도 있는 하지 말아야 할 실수 등과 연관되어 있다. 이런 특징은 안정 지향형에게 적합하다.

대학교나 기업이 개최하는 구직 활동 세미나에서는 구직 활동이 잘된 사람이나 뛰어난 성공을 거둔 사람 즉, 긍정적인 롤모델이 자신의 체험담을 이야기하는 경우가 많다. 이런 상황은 성취 지향형에게는 구직 활동에 의욕을 북돋는 양식이 되어주지만 안정 지향형에게는 역효과가 나기도 한다.

안정 지향형에게는 오히려 구직 활동에 실패한 체험담을 듣는 것이 효과적이다. 안정 지향형은 최악의 사태를 떠올리거나 불행한 사람과 만났을 때 그렇게 될 운명을 피하고자 의욕을 불태운다. 눈부신 성공을 달성한 영웅담에 자극받는 사람도 있지만 경계가 되어주는 실패담에 동기 부여가 되는 사람도 있다는 사실을 기억하자.

성취 지향형과 안정 지향형에
맞는 전략은 다르다

6일 차 강의에서는 성취 지향형과 안정 지향형의 특징에 관해 설명했다. 거듭 말하지만 어느 쪽이 뛰어나다는 이야기가 아니다. 자신의 유형을 파악하고, 유형에 맞는 전략을 이용해야 한다.

대부분의 사람은 성취 지향형, 안정 지향형 중 하나의 사고에 초점이 맞춰져 있다. 다만, 한 사람이어도 성취 지향형과 안정 지향형 양쪽의 사고를 다 지니고 있기 때문에 처한 상황에 따라서는 자신이 평소 사용하던 사고방식과 다른 쪽의 사고방식이 나타날 수도 있다.

회사의 분위기를 예로 들어 설명해보겠다. 팀에 폐를 끼치는 실수를 하면 안 된다고 생각하는 회사 분위기면 여러분이 평소에는 성취 지향적 사고를 해도 안정 지향적 사고방식에 초점을 맞춰 생각하고 행동하게 된다. 반대로 실패를 두려워하지 말고 아이디어를 계속 창출해서 제안할 것을 요구하는 회사면 여러분이 평소에는 안정 지향적 사고를 해도 성취 지향적으로 생각하고 행동할 것이다.

복권을 사는 일은 성취에 초점을 맞춘 행위다. 돈을 잃지 않는 일이 더 중요하면 복권을 사지 않는 게 상책이기 때문이다(알다시피 복권은 빗나갈 확률이 당첨될 확률보다 훨씬 높다). 예방 접종을 받는 것은 안정에 초점을 맞춘 행위다. 무언가(예: 건강)를 잃지 않기 위한 행동이기 때문이다.

지금 몸담은 환경에 따라 성취와 안정 중 우세해지는 쪽이 달라지기 때문에 이러한 전략들을 제대로 사용하지 않을 이유가 없다. '○○하고 싶다'라고 목표로 하고 싶은 이상적인 상태를 생각하면 성취에, '○○해야 한다'라고 완수해야 할 의무를 생각하면 안정에 초점을 맞추는 식으로 된다. 만약 속도가 중요한 과제를 한다면 의도적으로 성취에 초점을 맞추고, 정확성이 필요한 과제를 한다면 의도적으로 안정에 초점을 맞추는 편이 효과적이다.

목표 추구의 상황에 응용해보자. 성취 지향형은 단기적으로 동기 부여를 향상하는 일을 잘하지만 오래 지속하지는 못한다. 대조적으로 안정 지향형은 천천히 착실하게 나아가는 일을 잘하는데 이것이 바로 안정 지향성이 길고 긴 레이스에서 이기는 비결이다.

한 연구[6]에서 금연과 체중 감량이라는 목표에 대해 조사했다. 성취 지향형인 사람은 처음 6개월 동안 성공률이 높았고, 안정 지향형인 사람은 그 후 1년 동안 유지율이 높은 것으로 나타났다. 어려운 목표(예: 금연, 체중 감량)에 도전할 때는 우선 성취 지향형 접근법(얻을 수 있는 이점에 주목한다)으로 달성을 목표로 하고, 달성 후에는 안정 지향형 접근법(얻은 이점을 잃지 않는 것에 주목한다)으로 전환하는 것이 좋다.

즉, 상황에 맞는 전략을 구분해 사용해야 한다는 말이다. 자신의 유형과 상황에 맞춰 제대로 전략을 구분해 적용하면 지금까지 해왔던 것보다 훨씬 효과적으로 목표를 달성할 수 있을 테다.

7

일 차 강의

유혹이라는 장애물에
맞서는 비법

목표를 방해하는
유혹에는 무엇이 있을까?

드디어 마지막 강의에 접어들었다. 지금까지의 내용을 살펴본 여러분은 목표 추구를 위한 전략에 관해 많은 힌트를 얻었을 것이다. 앞으로는 동기 부여를 높이고, 효과적으로 목표를 향해 나아가리라고 생각한다.

마지막 7일 차 강의는 1~6일 차 강의 내용을 되돌아보면서 목표를 추구할 때 나타나는 가장 큰 벽에 맞서고자 한다. 바로 유혹이나. 이번 상의에서는 유혹을 이겨내려면 어떻게 해야 할지 체계적으로 생각해보겠다.

목표를 추구하고 싶다는 의욕이 있어도 유혹이 끼어들

면 실행되지 못한다. 금연을 하려면 흡연이라는 유혹을 이겨내야 한다. 다이어트를 하려면 당분이 가득한 간식의 유혹을 뿌리쳐야 한다. 미니멀 라이프를 지향한다면 쇼핑의 유혹을 이겨내야 한다. 우리 주변은 다양한 유혹으로 가득 차 있다. 유혹이라는 적은 상당히 벅찬 상대다. 조금만 방심하면 우리를 유혹의 늪으로 끌고 간다. 인간은 유혹에 약한 생물이다. 따라서 유혹에 대처하는 일이 성공적인 목표 달성의 열쇠라고 해도 과언이 아니다.

유혹에 맞서려면 어떻게 해야 할까? 맨몸으로 도전하기에는 적이 너무 강하므로 몇 가지 공략법을 터득해서 무장한 다음 싸워야 한다. 그래서 이번에도 심리학 연구에서 도출된 몇 가지 전략을 소개할 예정이다. 심리학으로 얻은 지식을 동력으로 삼아 이 강력한 적에게 맞서자.

이번 강의에서는 지금까지 설명한 내용을 자신의 문제에 대입해서 생각하는 워크시트를 준비했다. 워크시트를 채우면서 여러분이 안고 있는 문제의 전체 모습을 파악함과 동시에, 해결법은 무엇인지도 생각해보기 바란다. 그러면 먼저 자신이 이루고자 하는 목표를 방해하는 유혹이 무엇인지 떠올려보고, 다음의 빈칸에 적어보자.

7일 차 강의

당신을 유혹하는 것은

자제력은
중요한 순간에만 발휘한다

구체적인 전략을 소개하기 전 먼저 1일 차 강의 내용을 되돌아보자. 인생에는 참아야 할 상황이 많다. 칼로리가 높은 음식을 먹지 않는 일, 몸의 통증을 참아내는 일, 분노를 누르는 일 등 예를 들자면 끝이 없다. 하고 싶은 일을 하지 않거나 하기 싫은 일을 할 때는 의지력 즉, 자제력이 필요하다. 하지만 자제력을 발휘하는 근원 다시 말해 마음의 에너지는 무한하지 않기 때문에 지나치게 사용하던 연료가 부족해져서 일정 시간 동안은 사용 불가 상태가 된다.

일상의 사소한 유혹에 대처할 때마다 우리는 자제력을

쓴다. 회사나 집에서 스트레스에 노출될 때, 결정을 내려야 하는 상황일 때, 자신의 인상을 좋게 만들고 싶을 때 자제력이 발휘되며 이때 마음의 에너지가 조금씩 소모된다. 이렇게 우리는 일상의 다양한 일에서 자제력을 사용하고 있다.

무슨 일이든 자제력을 전부 쓰면 자원이 고갈되어서, 자제력이 정말 필요한 상황이 닥쳤을 때 그 힘을 발휘하지 못하게 된다. 우리가 유혹에 금방 넘어가는 것은 자제력이 약한 탓이 아니라 자제력을 계속 발휘할 상황이 많아서 자원 고갈 상태에 빠져 있기 때문일지도 모른다. 아무리 자제력이 강한 사람이어도 자원이 모두 고갈되면 유혹에 넘어가고 만다.

1일 차 강의에서도 언급했듯이 우선 자제력을 발휘하는 마음의 에너지는 유한하다는 사실을 받아들이자. 이 사실을 의식하는지 아닌지에 따라 평소의 생활 방식이 크게 달라질 것이다. 딱 필요하고 중요한 순간에만 자제력을 발휘할 수 있도록 우리는 가능한 한 자원을 효과적으로 사용해야(자원을 헛되이 사용하지 않아야) 한다.

자제력을 많이 써야 하는 목표를 동시에 2가지 이상 추구하는 일도 되도록 피하자. 여러 번 말하지만 자제력을 발휘하는 데 필요한 자원에는 한계가 있으므로 한꺼번에 많은 부담을 주면 문제가 생긴다. 금연을 하면 기초 대사가 떨어지고 식욕이 증가하기 때문에 체중이 증가하는 경향이 있다. 체중 증가를 피하려고 금연과 동시에 다이어트를 하려다가 결국 양쪽 다 실패하는 케이스는 흔하다.

목표를 하나로 좁혀도 성공할지 실패할지 모르는데, 2가지 목표에 도전하면 둘 다 실패로 이어질 확률이 현저히 높아진다. 두 마리 토끼를 쫓는 자는 한 마리도 얻지 못하는 법이다. 목표에 우선순위를 매겨 하나씩 확실하게 해결하는 편이 낫다.

또한 어떤 목표든 최대한 간단한 방법을 찾도록 노력하자. 굳이 어려운 방법을 선택해서 목표로 향하는 여정을 가시밭길로 만들 필요는 없다. 현명한 자원 관리에 주의를 기울이자.

이제 여러분의 일상을 되돌아보자. 어떤 순간에 자제력을 발휘하는지 생각해보고, 다음의 빈칸에 적어보자. 이를 계기로 아무 일에나 자제력을 발휘하고 있지 않은지, 자원을 지나치게 낭비하고 있지는 않은지 확인해보길 바란다.

....

....

....

....

유혹을 배제하는 것이
상책이다

유혹에 지지 않는 전략으로 가장 먼저 꼽는 방법은 '유혹 배제하기'다. 너무 뻔한 이야기를 한다고 생각할지 모르지만 유혹을 이겨내려면 원인이 되는 대상을 멀리하거나 차단하는 방법 외엔 효과가 없다.

4일 차 강의 내용을 기억하는가? 우리는 항상 환경의 영향을 받아, 많은 행동을 자각 없이 무의식적으로 하고 있다고 설명했다. 주변에 유혹적인 자극이 존재하면 당연히 유혹에 시선이 쏠려서 자신도 모르게 바람직하지 않은 목표(유혹)가 활성화된다.

게임에 현혹되는 사람은 게임이 끝나면 정해진 위치에 게임기를 정리해서 공부나 일을 할 때는 게임기가 눈에 들어오지 않도록 한다. 만화책에 현혹되는 사람은 만화책을 책장 뒷줄에 배치하고, 앞줄에는 다른 책을 꽂아둔다. 스마트폰에 현혹되는 사람은 스마트폰의 전원을 끄고, 책상 서랍 속에 넣어둔다.

금연, 금주, 다이어트를 하는 사람은 유혹이 되는 대상(담배, 술, 간식)을 집에 두지 않는 게 바람직하다. 무심코 신용 카드로 쇼핑을 하는 바람에 매월 무시무시한 금액을 갚아야 하는 사람은 아예 신용 카드를 만들지 않는다.

유혹하는 대상을 멀리하는 원시적인 방법이 실은 가장 뛰어난 효과를 낸다. 절대 '유혹이 있어도 나는 괜찮아'라고 생각하지 말자. 많은 사람이 자신의 자제력을 과대평가한다. 자제력으로 유혹을 이겨낼 수 있다고 믿는다.

한 심리학 연구[1]에서는 금연을 계속할 자신감이 높은 사람일수록 유혹을 피하려 들지 않고 자신이 자제력에 기대려는 경향을 보였다고 한다. 결과는 어땠을까? 이제 여러분은 알 것이다. 금연 유지에 자신을 보였던 사람일수록 금연에 실패하게 된다는 사실을 말이다.

반대로 금연 유지에 자신이 없던 사람은 최대한 담배가 생각나는 상황을 피해서 금연을 계속 해나갔다고 한다. 자신의 자제력을 과대평가하지 않는 것이 중요하다. 과신하면 유혹을 멀리하려는 의식이 저하된다. 스스로 유혹을 부르는 어리석은 실수를 하지 말자.

또 한 가지 주의할 점이 있다. 우리는 목표를 향해 행동하기에 앞서 '조금만'이라는 생각으로 유혹하는 대상을 접하기도 한다. '앞으로 열심히 할 거니까, 이 정도는 괜찮잖아?'라고 생각해봤을 것이다. 일을 시작하기 전 인터넷 서핑을 조금만 하겠다거나 다이어트를 하면서 감자칩을 1개만 먹자는 식이다. 조금이면 문제없다고 생각하기 쉽지만 사실 이런 '조금만'이 우리를 엄청난 함정에 빠뜨린다.

일단 움직이기 시작한 물체가 그대로 계속 움직이려는 관성의 법칙처럼 인간은 한번 달리기 시작한 상황에 제동을 거는 데에 매우 서투르다. 일단 시작한 행동을 중단하려면 상당한 자제력이 필요하다. 유혹이 줄줄이 이어지면 소모되는 자제력도 많아지기 때문이다. 그리고 유혹에 노출되는 시간이 길어질수록 행동을 멈추기는 더 어렵다.

따라서 시작하기 전에 멈춘다고 의식하자. 감자칩을 1개만 먹고 나머지를 참기보다 아예 손을 대지 않는 편이 훨씬 참기 쉽다. 감자칩 봉지를 뜯지 않는 게 최선이다. 처음부터 손을 대지 않는 것이 자제력을 사용하지 않는 가장 효과적인 방법이다. 그러면 지금까지 내용을 참고해서 유혹을 배제할 방법을 생각해 다음의 빈칸에 적어보자.

당신이 유혹을 배제할 방법은

_____

_____

_____

_____

유혹을 뿌리치려면
마음을 달래라

바로 앞에서 유혹 대상은 아예 배제하는 편이 좋다고 했다. 다만 2일 차 강의에서도 이야기한 것처럼 인간이 상상하는 동물이라서 발생하는 성가신 문제가 있다. 눈앞에 유혹 대상이 존재하지 않아도 쉽게 상상할 수 있다는 문제다.

나는 쇼트케이크를 매우 좋아하는데, 그 향과 촉감을 떠올리는 것만으로도 너무나 간단히 머릿속을 쇼트케이크로 가득 채울 수 있다. 촉촉하게 구워진 스펀지케이크, 입에 부드럽게 닿는 휘핑크림, 새빨갛게 익은 딸기의 새콤달콤함. 이 삼위일체가 균형을 이룬 놀라운 맛…. 당장 쇼트케이크가 먹고 싶어진다. 이처럼 눈앞에 유혹 대상이 존재하지 않아도 상상만으로 머릿속이 이미 지배되어 디저트를 먹고 싶다는 바람직하지 않은 목표(유혹)가 활성화된다.

이럴 때 유용한 전략은 '마음 달래기'다. 1일 차 강의에서 언급했던 마시멜로 실험을 기억하는가? 아이들의 눈앞에 마시멜로가 담긴 접시를 올려놓고, 실험자가 나갔다가 돌아올 때까지 먹지 말고 참으라고 했던 그 실험 말이다. 15분 동안 마시멜로를 먹지 않고 참아서 자제력이 강하다고 평가된 아이는 전체의 3분의 1뿐이었다. 나머지 3분의 2는 마시멜로의 유혹에 패배했다.

사실 실험자가 방에서 나간 후 아이들의 행동을 카메라로 기록하고 있었다. 영상을 보면 참지 못한 아이들은 마시멜로를 뚫어져라 쳐다보거나 만져보기도 했다. 아무리 인내심이 강한 아이여도 눈앞에 마시멜로가 있으면 먹지 않고 참기가 어렵다. 그래서 자제력을 발휘하는 데 필요한 자원이 고갈되어, 15분 동안 참을 수 없었던 것이다.

반면 마시멜로를 먹지 않고 참아낸 아이들은 마시멜로가 시야에 들어오지 않도록 눈을 질끈 감고 있거나 뒤를 돌아보기도 하고, 노래나 이야기를 만들어내며 마시멜로에서 주의를 돌리려고 했다. 마시멜로라는 유혹을 눈앞에서 멀리하기 위해 마음을 달래는 노력을 했던 것이다.

수학자 존 에드먼드 케리치John Edmund Kerrich는 한쪽 면만 납으로 코팅된 나무 동전을 수없이 던졌다. 그리고 1,000번 중 앞면이 679번 나오며 시행을 거듭할수록 확률값이 약 70%에 수렴한다는 사실을 확인했다. 이는 후대의 통계학 연구에 큰 영향을 주었는데, 그가 이 실험을 한 이유는 사실 자신의 마음을 달래기 위해서였다고 한다.

1940년대 나치 독일의 포로가 된 케리치는 언제 풀려날지 모르는 두려운 시간을 동전 던지기를 하면서 버텼다. '빨리 집에 가고 싶다', '가족을 만나고 싶다'라는 욕구를 누르기 위해 사소한 일이라도 뭔가를 계속 해서 인내심을 유지하고자 한 것이나. 이렇게 마음을 달래는 행위는 유혹에 대처하는 요령, 훌륭한 전략이 되어준다.

유혹 대상이 생각났을 때는 그것을 머릿속에서 몰아내야 한다. 몰아내기는 매우 어렵다. 어떤 사고를 하지 않으려고 노력하면 오히려 머릿속은 그 사고로 가득 차기 때문이다. 그래서 마음을 달래는 것이다. 동전 던지기든, 노래나 이야기를 창작하든, 무엇이든 좋다. 나는 어린 시절 주산을 배웠기 때문에 마음을 달랠 때는 '$1+2+3+4+5\cdots$'라고 암산을 했다. 암산을 하면 유혹 대상이 내 머릿속에서 사라졌다.

유혹하는 대상에서 주의를 돌리기 위해 자기 나름대로 마음을 달랠 방법을 미리 생각해두는 것이 좋다. 지금까지의 내용을 참고해서 자신의 마음을 달래는 방법을 생각해 다음의 빈칸에 적어보자.

당신이 마음을 달래는 방법은

7일 차 강의

주의를 분산시키는
사고 억제의 역설적 효과

앞서 어떤 것을 생각하지 않으려고 하면 오히려 머릿속이 그것으로 가득 찬다고 이야기했다. 이 현상에는 명칭이 붙어 있다. 일단 그런 현상을 조사한 심리학 실험[2]을 소개하겠다.

이 실험에서는 절반의 참가자들에게 "흰곰을 생각하세요."라고 했다. 흰곰은 북극곰을 말한다. 온몸이 흰 털로 덮여 있어서 흰곰이라고도 부르는 동물이다. 나머지 절반의 참가자들에게는 "흰곰을 생각하지 마세요."라고 했다. 이때 흰곰을 더 많이 생각한 건 어느 쪽 참가자들이었을까? 여러분도 눈치챘겠지만 생각하지 말라는 말을 들은 참가자들 쪽이었다.

인간은 정말로 이상하니한 존재다. 생각하지 말라고 하면 생각하고 싶어지고, 하지 말라고 하면 하고 싶어지니 말이다. 이렇게 생각하지 않으려고 할수록 생각하고 싶어지는 것을 '사고 억제의 역설적 효과'라고 하는데, 앞서 소개한 실험이 워낙 유명한 터라 '흰곰 효과'라고 널리 알려져 있다. 이렇게 어떤 일(예: 유혹 대상)에 대해 사고를 억제하면 역설적이게도 그 일로 머리가 꽉 차기도 한다. 그렇게 되지 않으려면 어떻게 해야 할까?

사실 흰곰 실험은 위에 이야기한 내용으로 끝나지 않는다. 이어지는 실험에서는 흰곰이 떠오를 것 같을 때 빨간 폭스바겐을 생각하라고 지시했다. 그러자 흰곰 효과가 일어나지 않는다는 사실을 알아냈다. 다른 생각으로 마음을 달랜 것이다. 즉, 다른 타깃을 만들어 새로운 타깃에 의식을 집중시키는 것이 유혹을 이겨내는 효과를 발휘했다.

다이어트를 하는 중에 쇼트케이크가 머릿속에 떠오르면 억지로 쇼트케이크에 대한 생각을 지우려 하기보다 마음을 달래서 다른 곳에 의식적으로 주의를 기울여보자. 동전 던지기를 하든, 루빅큐브를 하든 주의를 돌릴 수 있다면 무엇이든 상관없다.

인간관계를
재구성한다

유혹을 이겨내기 위한 전략으로 다시 되돌아가자. 4일 차 강의에서 언급한 목표 전염을 기억하는가? 어떤 목표를 달성하고자 하는 사람을 보면 자신도 모르는 사이에 동일한 목표를 좇으려 한다는 내용이었다. 이는 바람직한 목표(예: 다이어트)에 한정되지 않는다. 바람직하지 않은 목표인 유혹(예: 원하는 만큼 맛있는 음식을 먹는다)도 주변 사람을 통해 전염된다. 그런 사실을 보여주는 조사[3]를 소개하겠다.

영국에 거주하는 약 1만 2,000명을 대상으로 32년 동안 추적 조사를 했다. 이 조사에서는 어떤 사람의 체중 증가가 그 사람의 사회적 네트워크(친구, 배우자, 형제자매, 이웃)의 체중 증가와 관련이 있는지를 알아봤다. 조사 결과 과체중이나 비만이 네트워크를 통해 확산된다고 밝혀졌다. 비만도가 높은 사람과 교제하면 나중에 자신도 비만이 될 가능성이 크다는 것이다.

특정 기간에 비만이 된 친구가 있는 경우 그 사람은 이후에 비만이 될 확률이 57%나 높아진다고 하니 놀라운 결과다. 가까운 사람이 맛있는 음식을 많이 먹는 모습을 보면 자신도 맛있는 음식을 먹고 싶다는 바람직하지 않은 목표(유혹)가 전염되어 체중이 증가한다고 유추할 수 있다.

이 조사 결과에서 얻을 수 있는 힌트는 다음과 같다. 어려운 목표를 달성하고자 하고, 조금이라도 자제력을 낭비하고 싶지 않다면 자신의 목표와 정반대로 행동하는 사람과는 거리를 둘 필요가 있다는 것이다.

여러분 주변에는 자신의 목표와 정반대로 행동하는 사람이 없는가? 살을 빼고 싶은데 식사 후에 반드시 디저트를 주문하는 친구는 없는가? 편견을 드러내고 싶지 않은데 항상 차별적인 표현을 말하는 상사는 없는가? 금연을 하고 싶은데 하루에 담배를 20개비나 피우는 헤비 스모커가 동료 중에 없는가?

4일 차 강의에서는 환경적인 요인으로 목표를 알게 모르게 활성화하고, 그에 따른 행동을 무의식적으로 한다는 사실을 알아보았다. 바람직하지 않은 목표(유혹)도 마찬가지다. 주변에 유혹 대상(사람도 포함)이 없는지, 그로 인해 자신도 무의식적으로 유혹에 이끌리지는 않은지 확인해보자.

당신에게 바람직하지 않은 목표(유혹)를 활성화하는 사물 또는 사람은

사전에
결심을 다진다

5일 차 강의에서는 목표를 추구할 때 우선은 그 목표를 추구한다는 강한 결심을 해야 한다고 설명했다. 만약 결심이 충분하지 않으면 지금까지 달성한 성과에 주목해서(지금까지 사고를 사용한다) 결심을 다지면 좋다고도 말했다. 5일 차 강의에서는 목표를 추구하다가 결심을 다지는 방식을 알아봤지만 목표 추구 전에 결심을 하는 전략도 있다. 바로 유혹에 직면하기 전 유혹의 씨앗을 배제해서 유혹에 맞설 결의를 굳건히 하는 전략이다. 이 전략은 '프리커밋먼트

precommitment'라고 한다. 프리pre는 '사전에'라는 뜻이다.

금연, 금주, 다이어트를 하는 사람이 매혹적인 대상(담배, 술, 간식)을 집에 두지 않거나 과소비를 피하기 위해 아예 신용 카드를 소유하지 않는 행위 등이 프리커밋먼트에 해당한다. 최근에는 자신도 모르게 인터넷 서핑에 시간을 쏟아서 생산성이 오르지 않는 나 같은 사람을 위해 자주 보는 유튜브나 인스타그램, 인터넷 사이트 등을 차단해주는 앱도 있다고 하니 정말 편리한 세상이다. 이런 도구를 많이 활용하자.

한편 유혹을 배제하지 않고도 유혹에 휩쓸리는 일을 방해하는 프리커밋먼트도 있다. 유혹에 굴복하면 스스로에게 페널티를 부과하거나 목표를 지키면 보상을 준다고 미리 정해두는 전략이다. 어떤 연구[4]에서 금연을 목표로 하는 참가자들에게 미리 일정액의 돈을 맡기게 한 다음 6개월 후 금연에 성공하면 돈을 돌려주고, 실패하면 그 돈을 자선 단체에 기부하는 프로그램을 실시했다. 그러자 즉각적인 효과가 나타났다.

이 프로그램의 효과가 상당히 좋았기 때문에 미국에는 '스틱닷컴stickk.com'이라는 온라인 서비스도 인기라고 한다.

이곳에 미리 자신의 목표나 규칙을 등록하고, 등록한 것이 지켜지지 않았을 때 '지원하고 싶지 않은 단체'로 지정한 곳에 강제로 기부가 이루어진다(안티 채리티라고 부른다).

일본에서는 속옷 제조업체인 트럼프 인터내셔널 재팬이 2002년에 금연 선언을 한 직원에게 3만 엔의 포상금을 지급하는 제도를 도입했다 금연에 실패할 경우 포상금의 2배인 6만 엔을 자진 반납해야 하는 벌금 규정도 마련되었다. 이렇게 미리 강한 결의를 해두면 쉽게 유혹에 빠질 확률이 낮아진다.

페널티뿐 아니라 유혹에 지지 않고 목표를 달성한 경우에 받을 보상을 사전에 준비해두는 전략도 좋다. 나는 이 책의 집필이 끝나면 딸과 함께 여행을 가려고 한다. 집필을 싫어하지 않고 오히려 좋아하는 편이지만 책을 완성하는 데는 수많은 어려움이 따른다. 또 그로 인해 다른 목표(예: 딸과 즐거운 시간을 보내기)를 미룰 수밖에 없다. 딸과 즐거운 시간을 보내는 일이 이 책을 마무리한다는 목표에는 유혹이 되는 것이다. 그래서 유혹을 이겨내기 위해 목표를 달성하면 딸과 함께 여행을 간다는 보상을 준비했다.

보상을 준비하지 않아도 2일 차 강의에서 이야기했듯이

목표를 달성한 자신의 모습을 상상하기만 해도 유혹을 이겨낼 수 있다. 자신이 목표를 달성했을 때의 일을 꿈꾸면서 눈앞에 있는 과제에 몰두하는 일도 큰 효과를 낸다.

자, 여러분의 프리커밋먼트도 생각해보자. 참고로 6일 차 강의 내용을 근거로 하면 성취 지향형은 보상을 미리 준비하는 것, 안정 지향형은 페널티를 미리 생각하는 것이 효과적이다. 자신에게 맞는 전략을 이용해 프리커밋먼트를 정하면 그 효과가 더욱 커진다. 그러니 스스로가 성취 지향형인지, 안정 지향형인지 파악한 다음 자신에게 적합한 프리커밋먼트를 준비해보자.

당신의 프리커밋먼트는

7일 차 강의

목표를 달성하려는
이유를 생각한다

동기 부여가 되지 않거나 유혹에 넘어갈 것 같으면 그 행동을 하는 이유를 의식적으로 떠올리자. 그러면 동기 부여가 높아져서 유혹에 지지 않는 굳건한 마음을 다질 수 있다. 목표를 달성하기 위해 행동할 때는 행동에 주의가 기울어서 그 이면에 놓인 목표를 잊기 쉽다. 그래서 의욕이 하락했을 때, 유혹에 넘어갈 듯할 때, 그 행동을 하는 것이 괴로울 때는 자신이 왜 그 행동을 하고 있는지 의식적으로 생각하도록 하자.

매일 공부하는 고등학생이 노력을 기울이는 이유는 좋은 성적을 받겠다는 목표 때문이고, 좋은 성적을 받고 싶은 이유는 가고 싶은 대학교에 들어간다는 목표 때문이며, 입시에 성공하고 싶은 이유는 자신의 꿈이 간호사가 되겠다는 더 큰 목표를 위해서다.

다이어트 중에 먹음직스러운 디저트가 눈앞에 나타난다면 체중 감량을 결심한 이유를 되새겨보자. 마찬가지로 금연하는 이유가 무엇인지, 자격증 취득을 위해 공부하는 이유가 무엇인지, 운동하는 이유는 무엇인지 생각해보자.

유혹에 넘어갈 것 같을 때 자신의 꿈과 목표를 떠올리면 유혹에 맞설 동기 부여가 생겨날 것이다. 또 한편으로는 이유를 생각하면 달성해봤자 쓸데없는 목표를 포기하게 될 수도 있다. 만약 달성해야 할 이유가 없다는 생각이 들면 더 이상 그 목표를 추구할 필요가 없다.

앞선 강의에서도 설명했듯이 사람은 한번 시작한 행동을 쉽게 멈추지 못하는 습성을 지녔다. 그 행동이 부적응적인 행동일지라도 말이다. 행동을 지속한 시간이 길어질수록 목표를 포기하기도 어려워진다.

매진할 필요가 없는 목표를 한없이 고집하고 있지 않은가? 잘 생각해보자. 한결같이 노력하는 일은 훌륭하다. 하지만 불필요한 목표에 발전 없는 노력을 계속한들 의미가 있을까? 그동안 전념해온 일에서 스스로를 해방시키고, 때로는 부정적인 감정을 극복하며, 새로운 목표를 찾아 행동을 바꾸는 일은 쉽지 않을 수 있다.

거듭 말하지만 시간과 노력은 결코 무한하지 않다. 더 중요한 목표에 시간과 에너지를 집중하자. 우선순위가 낮은 목표나 노력해도 달성할 수 없는 목표는 포기할 용기를 내보자. 단호하게 포기하는 일은 열심히 하는 일만큼이나 중요하다. 이제 여러분이 목표를 향해 노력하는 이유에 대해 생각해보고 다음의 빈칸에 적어보자.

당신이 목표를 향해 노력하는 이유는

유혹에 맞설
실행 의도를 세운다

이번에는 3일 차 강의 내용을 되짚어보겠다. 매일 저칼로리 식사를 하거나 운동을 한다는 목표는 장기간 노력을 기울여야 하므로 유혹이나 충동에 넘어가기 쉽다. 그래서 목표를 달성하기도 어렵다. 그럴 때는 실행 의도를 세우는 것이 효과적이라고 설명했다.

'△△하면 ○○한다'라고 실행 의도를 구상하기만 해도 단순히 목표를 세우는 것(예: ○○한다)보다 목표 달성률이 훨씬 높아진다는 사실을 확인했다. '만약 [유혹]을 만나면 [대비책]을 실행한다'라는 형태로 실행 의도를 구상하면 유혹에도 맞서기 쉬워진다. 실패하기 쉬운 상황을 이해하고, 그 상황에 빠졌을 때의 대비책을 계획해두는 것이 날마다 직면하는 다양한 문제를 원활히 처리하면서 효과적으로 목표를 달성하는 열쇠가 된다.

실행 의도의 좋은 점은 의지력이 거의 필요하지 않을 뿐 아니라 작정하고 하지 않아도 자동으로 작용한다는 점이다. 마음의 에너지가 별로 소모되지 않기 때문에 자원의 고갈을 막고 다른 일에 적절하게 자원을 쓸 수 있다는 큰 장점이 있다.

유혹에 대처하기 위해 실행 의도를 세우려면 먼저 자신의 나쁜 습관을 특정해야 한다. 습관은 자신도 모르는 사이에 이루어지는 행동이기 때문에 어떤 행동이 나쁜 습관이 되는 것을 스스로도 깨닫지 못하는 경우가 많다.

예를 들어, 나는 만사를 귀찮아하는 사람이다. 고작 1층에서 2층으로 올라갈 때도 엘리베이터를 탄다. 엘리베이터 옆에 계단이 있어도 계단이 보이지 않는 척 망설임 없이 엘리베이터 버튼을 누른다. 위층에 갈 때는 엘리베이터를 이용하는 습관이 생긴 데다가 그런 행동이 건강에도 환경에도 바람직하지 않은 행동임을 잊었다. 나는 엘리베이터를 보면 계단을 이용한다는 실행 의도를 구상해서 계단 이용을 촉진하려고 한다. 그리고 이렇게 여러분에게 하는 선언은 프리커밋먼트가 되기도 할 것이다.

술집에 들어가면 "일단 맥주부터."라며 술을 주문하는 사람도 습관이 된 탓에 그렇게 말한다. 집으로 돌아가는 길에 편의점이 있으면 반드시 디저트를 사는 사람도 마찬가지다. 멈추고 싶은 습관이 있다면 그 습관이 실행되기 쉬운 상황·시간을 우선 자각하는 것이 중요하다. 그리고 그 상황을 피하도록 하자. '술집에 들어가면 물을 먼저 마신다', '디저트가 먹고 싶어지면 말린 과일을 먹는다'라는 실행 의도를 세워서 나쁜 습관을 끊어내자.

동료 중에 스트레스를 받으면 계속 술을 마시는 사람이 있다. 구체적으로 설명하지 않아도 역시 나쁜 습관이라는 걸 모두가 알 것이다(안 좋은 일이 있으면 쇼핑하는 것도 마찬가지). 가급적 스트레스를 느끼지 않는 일상을 보내는 편이 자제력을 보존하는 데에도 중요하겠지만 모든 스트레스를 피할 수는 없다.

그렇기 때문에 스트레스를 주는 요인을 최대한 배제함과 동시에 그로 인해 습관화되는 바람직하지 않은 행동을 건설적이고 효율적인 행동으로 대체해야 한다. 예를 들어 '스트레스를 받으면 헬스장에 간다'라는 실행 의도를 세우면 좋을 것이다.

이제 자신을 유혹하는 대상을 생각해서 '만약에 [유혹]을 만나면 [대비책]을 실행한다'라는 형태로 실행 의도를 구상해보자.

당신의 실행 의도는

7일 차 강의

자제력을
키운다

그동안 자제력을 발휘하는 데 들어가는 에너지를 되도록 소모하지 말라고 했다. 마지막으로 여러분에게 중요한 수식을 전하고 싶다. 사실 자제력은 늘릴 수 있다. 심지어 일상에서 약간의 노력으로도 가능하다.

어떤 연구[5]에서 참가자들에게 2주 동안 '단것을 삼간다'와 '악력기를 사용한다' 중 한쪽을 실시하게 했다. 악력기를 사용하는 것은 신체적 고통을 견디는 일이고, 자제력이 필요하다. 단것을 삼가는 일도 마찬가지다. 어떤 경우든 매일 자제력을 단련하는 일을 조금씩 하도록 한 것이다.

2주 후 참가자들에게 집중력을 쓰는 과제를 시켰더니 자제력에 크나큰 개선점이 나타났다. 괴로운 과제(단것을 삼간다, 악력기를 사용하다)를 견뎌내자 불과 몇 주만에 참가자들의 자제력이 전반적으로 강화되었다.

이 외에도 '남의 험담을 하지 않는다', '등을 곧게 편다', '자주 쓰는 손과 반대되는 손으로 문을 열거나 이를 닦는다'

같은 사소한 행동을 계속하는 동안 '담배와 술이 줄었다', '정크 푸드에 손을 대지 않게 되었다', '분노를 잘 통제하게 되었다', '충동 구매가 줄었다', '접시를 싱크대에 쌓아놓지 않게 되었다', '약속을 뒤늦게 취소하는 일이 없어졌다', '귀 찮은 일을 뒤로 미루는 상황이 줄어들었다' 등 자제력이 단 련되면서 나타난 효과가 잇달아 보고되었다.

자제력을 강화하려면 지금까지는 해본 적이 없는 내키 지 않는 일을 자기 의지로 해보는 것이 중요하다. 무엇이든 상관없다. 큰 도전일 필요도 없다. 우선은 일상의 작은 목표 (예: 등을 구부정하게 하고 있으면 자세를 바로잡는다)에 돌입해 서 자제력을 단련해보자. 그렇게 하면 언젠가 큰 목표(예: 금주, 다이어트)를 이뤄낼 자제력이 몸에 붙을 것이다. 그럼, 여러분의 자제력을 단련하거나 늘릴 방법을 생각해보자.

당신이 자제력을 단련하는 방법은

7일 차 강의

자제력을
꾸준히 단련한다

7일 차 강의에서는 1~6일 차 강의 내용을 되돌아보면서 자신의 문제에 배운 내용을 어떻게 적용할 수 있을지 생각해보았다. 자신의 문제를 되돌아본다는 건 꽤 힘든 작업이다. 하지만 문제를 해결하려면 필수적이다.

적과 싸우려면 적의 전체 모습을 파악해야 한다. 그러지 않으면 자신이 안고 있는 문제의 원인과 대책을 생각할 수 없다. 7일 차 강의에서 제공된 워크시트를 채우면서 자신의 목표를 방해하는 적(유혹)이 도대체 무엇인지, 그 적에 어떻게 맞서야 할지 해결책의 실마리를 얻었을 테다.

유혹을 이겨내고 목표를 달성하기 위해 먼저 해야 할 일은 자제력을 발휘하는 데 한계가 있다는 사실을 받아들이는 것이라고 거듭 설명했다. 그 사실을 의식하면 자제력을 보존하다가 중요한 순간 크게 발휘할 수 있을 것이다.

그다음에 할 일은 자제력 단련이다. 1일 차 강의에서 자제력은 근육과 비슷하다고 말했다. 근육을 사용하면 피로가 쌓이듯이 자제력도 사용하면 고갈된다. 사용한 직후에는 약해져 있어서 유혹에 쉽게 빠지는 위험한 상태가 된다. 따라서 자제력을 아껴가며 적절하게 사용해야 한다.

근육을 쓰지 않으면 쇠약해지듯이 자제력도 쓰지 않으면 점점 약해진다. 반대로 말하자면 자제력은 근육처럼 사용할수록 단련된다. 무리할 필요는 없지만 꾸준히 단련해야 강해져서 유혹을 이겨내는 든든한 내 편이 되어줄 것이다. '자제력을 헛되이 쓰지 않는다'라고 의식하면서 '자제력을 조금씩 단련한다'라는 생각을 함께 해서 유혹에 맞서야 한다. 이 2가지 사고를 동시에 하는 것이 가장 강력한 전략이 된다.

단것을 좋아하는 사람이 다이어트를 위해 디저트를 참거나 애연가가 단숨에 금연을 하려면 상당한 자제력이 필요하다. 처음에는 어려움을 느끼더라도 자제력을 조금씩 단련하면 언젠가는 쉽게 목표를 완수할 수 있다. 자제력을 쓸데없이 사용하지 않고, 보존된 자원으로 자제력을 단련한다. 이런 선순환이 일상의 모든 면에서 반드시 좋은 방향으로 당신에게 영향을 줄 것이다.

　이 책을 끝까지 읽어준 여러분에게 감사의 마음을 전한다. 많은 사람이 '해야지'라고 생각하면서도 어쩐지 행동으로 옮기지 못하는 문제에 직면하고 있다. 공부, 일, 운동, 집안일, 건강 관리…. 해야 할 일을 알고는 있지만 무심코 미루고 만다. 그리고 그런 자신을 보며 조바심이 나는 사람도 많지 않을까?

　이 책에서는 뒤로 미루는 행동이나 유혹에 넘어가는 심리의 배경에 있는 메커니즘을 밝히고, 자제력(의지력)에만 의존하는 게 아니라 환경과 습관의 힘을 활용해 조금 더 원활하게 행동하는 방법을 소개했다.

　심리학 연구에 따르면 우리의 자제력은 무한하지 않고 계속 사용하면 소모된다. 어떤 일을 인내한 후에는 다음 과제에 끈기가 떨어지는, 자아 고갈이라는 현상이 찾아온다. 자제력은 유한하며, 과신하면 오히려 행동이 지속되지 않는다는 의미다.

행동을 계속할 수 있을지 없을지는 단순히 의욕이나 노력만으로 정해지지 않는다. 우리는 사고방식과 환경의 영향을 크게 받기 때문이다. 그러므로 행동을 계속하려면 자신의 의지를 과신하지 말고, 행동하기 쉬운 환경을 만들어 자제력이 필요하지 않은 구조를 갖추는 것이 중요하다.

이 책에서 소개한 심리학적 지식과 실험 결과는 특별한 사람만 활용할 수 있는 게 아니다. 오히려 일상에서 사소한 노력을 통해 누구나 실천할 수 있는 것들이다. 도저히 행동할 수 없을 때, 움직일 수 없다고 느낄 때는 이 책에서 배운 내용을 떠올리며 자신에게 맞는 방법을 시도해보자. 예를 들어, '의욕이 날 때까지 기다린다' 대신 '우선 5분만 해본다'라고 정해놓기만 해도 행동으로 옮기기 훨씬 쉽다.

또한 목표를 달성하기 위해 자제력에만 기대지 말고 스마트폰을 손이 닿지 않는 장소에 두기, 작업 시간을 미리 정하기, 주변 사람과 약속해두기 식으로 의지력이 없어도 행동할 수 있는 아이디어를 도입하면 큰 노력 없이 목표를 향한 여정을 따를 수 있다.

작은 한 걸음이라도 행동으로 옮기면 의욕은 나중에 따라붙는다. 그리고 그 작은 성공 체험이 쌓이면 스스로 행동하는 힘에 대한 신념이 바뀌어 해야 할 일에 더 수월하게 몰두할 수 있게 된다.

이 책을 집필하면서 많은 사람의 도움을 받았다. 특히 편집을 담당해준 다이아몬드사의 사이토 씨에게 기획 단계부터 귀중한 조언을 받아, 더 알기 쉽고 읽기 편안한 형태로 원고를 완성할 수 있었다. 집필 과정에서 많은 논의를 거듭하면서 이 책의 방향성을 정성껏 이끌어준 데에 깊이 감사드린다.

집필을 하면서 의욕을 높이려면 때로는 개인의 노력만으로는 한계가 있다. 주변의 도움이 얼마나 중요한지 재차 실감했다. 그런 의미에서 사이토 씨의 따뜻하고 적절한 도움이 없었다면 이 책이 무사히 세상에 나올 수 없었다고 생각한다. 이 책은 사이토 씨와 공동 작업으로 이룬 성과기도 하다.

이 책의 제작에 함께해준 디자이너, 일러스트레이터, 교정자, 관계자 여러분도 큰 노력을 기울여주었다. 이 자리를 빌려 진심으로 감사드린다.

　그리고 무엇보다 이 책을 선택해준 여러분에게 깊은 감사의 마음을 전한다. 이 책을 통해서 여러분이 "해야 돼."를 "이미 하고 있어!"로 바꾸기 위한 아이디어를 얻었다면 더할 나위 없이 기쁠 것이다. 여러분의 행동이 바뀌어 더 충실한 매일을 보낼 수 있기를 진심으로 바란다.

1일 차 강의

1   Baumeister, R. F., Bratslavsky, E., Muraven, M., & Tice, D. M. (1998).
    Ego depletion: Is the active self a limited resource? *Journal of Personality
    and Social Psychology*, 74(5), 1252-1265.

2   Job, V., Dweck, C.S., & Walton, G.M. (2010). Ego depletion—Is it all in
    your head? Implicit theories about willpower affect self-regulation.
    Psychological Science, 21(11), 1686-1693.

3   Job, V., Walton, G. M., Bernecker, K., & Dweck, C. S. (2015). Implicit
    theories about willpower predict self-regulation and grades in everyday
    life. *Journal of Personality and Social Psychology*, 108(4), 637-647.

4   Job, V., Bernecker, K., Miketta, S., & Friese, M. (2015). Implicit
    theories about willpower predict the activation of a rest goal following
    self-control exertion. *Journal of Personality and Social Psychology*,
    109(4), 694-706.

5   월터 미셸 지음, 안진환 옮김, 『마시멜로 테스트』, 한국경제신문

6   Watts, T. W., Duncan, G. J., & Quan, H. (2018). Revisiting the marshmallow
    test: A conceptual replication investigating links between early delay

of gratification and later outcomes. *Psychological Science*, 29(7), 1159 -1177.

7   Toyama, M., Nagamine, M., Tang, L., Miwa, S., & Asayama, A. (2022). Is the nonlimited resource theory of willpower adaptive? A self-control perspective. *Personality and Individual Differences*, 188, Article 111412.

2일 차 강의

1   Atkinson, J. W. (1957). Motivational determinants of risk-taking behavior. *Psychological Review*, 64(6, Pt.1), 359 372.

2   Asayama, A., Nagamine, M., Kainuma, R., Tang, L., Miwa, S., & Toyama, M. (2024). The Effect of Episodic Future Thinking on Learning Intention: Focusing on English Learning Goal-Relevant Future Thinking in University Students. *Japanese Psychological Research*, 66(2), 195–209.

3   Toyama, M. (2024). Beyond the here and now: Leveraging distal mental simulation for creative breakthroughs. *Psychology of Aesthetics, Creativity, and the Arts*. Advance online publication.

4   Toyama, M., Nagamine, M., & Tang, L. (2024). Mental contrasting strategies promote the pursuit of difficult goals: Japanese cultural context. *Personality and Social Psychology Bulletin*, Advance online publication.

3일 차 강의

1   Gollwitzer, P. M., & Brandstätter, V. (1997). Implementation intentions and effective goal pursuit. *Journal of Personality and Social Psychology*,

73(1), 186-199.

2   Achtziger, A., Gollwitzer, P. M., & Sheeran, P. (2008). Implementation intentions and shielding goal striving from unwanted thoughts and feelings. *Personality and Social Psychology Bulletin*, 34(3), 381-393.

3   Gollwitzer, P. M., & Schaal, B. (1998). Metacognition in action: The importance of implementation intentions. *Personality and Social Psychology Review*, 2(2), 124-136.

4   Duckworth, A. L., Grant, H., Loew, B., Oettingen, G., & Gollwitzer, P. M. (2011). Self-regulation strategies improve self-discipline in adolescents: Benefits of mental contrasting and implementation intentions. *Educational Psychology*, 31(1), 17-26.

5   Henderson, M. D., Gollwitzer, P. M., & Oettingen, G. (2007). Implementation intentions and disengagement from a failing course of action. *Journal of Behavioral Decision Making*, 20(1), 81-102.

4일 차 강의

1   Bargh, J.A., Chen, M., & Burrows, L. (1996). Automaticity of social behavior: Direct effects of trait construct and stereotype activation on action. *Journal of Personality and Social Psychology*, 71(2), 230-244.

2   Dijksterhuis, A., Aarts, H., Bargh, J. A., & van Knippenberg, A. (2000). On the relation between associative strength and automatic behavior. *Journal of Experimental Social Psychology*, 36(5), 531-544.

3   Bargh, J. A., Gollwitzer, P. M., Lee-Chai, A., Barndollar, K., & Trötschel, R. (2001). The automated will: Nonconscious activation and pursuit of behavioral goals. *Journal of Personality and Social Psychology*, 81(6), 1014-1027.

4   及川昌典 (2005). 意識的目標と非意識的目標はどのように異なるのか？

―ステレオタイプ抑制における非意識的目標の効果 ― 教育心理学研究, 53(4), 504-15.

5　及川昌典 (2005). テスト状況における達成プライミングの効果 教育心理学研究, 53(3), 297-06.

6　太田真梨子・鈴木宏昭・山田歩・福田玄明 (2012). 目標伝染における知識の働き 日本認知科学会第29回大会発表論文集, 92-7.

7　Aarts, H., Gollwitzer, P. M., & Hassin, R. R. (2004). Goal Contagion: Perceiving Is for Pursuing. *Journal of Personality and Social Psychology*, 87(1), 23-37.

5일 차 강의

1　Dai, H., Milkman, K. L., & Riis, J. (2014). The fresh start effect: Temporal landmarks motivate aspirational behavior. *Management Science*, 60(10), 2563-2582.

2　Koo, M., & Fishbach, A. (2008). Dynamics of self-regulation: How (un) accomplished goal actions affect motivation. *Journal of Personality and Social Psychology*, 94(2), 183-195.

3　Huang, S.-C., & Aaker, J. (2019). It's the journey, not the destination: How metaphor drives growth after goal attainment. *Journal of Personality and Social Psychology*, 117(4), 697-720.

6일 차 강의

1　Spiegel, S., Grant-Pillow, H., & Higgins, E. T. (2004). How regulatory fit enhances motivational strength during goal pursuit. *European Journal of Social Psychology*, 34(1), 39-54.

2　Toyama, M. (2022). Which motivates an individual more: The to-date frame or the to-go frame? A regulatory focus perspective. *Personality and Individual Differences*, 189, Article 111513.

3   Idson, L. C., & Higgins, E. T. (2000). How current feedback and chronic effectiveness influence motivation: Everything to gain versus everything to lose. *European Journal of Social Psychology*, 30(4), 583-592.

4   外山美樹・湯立・長峯聖人・三和秀平・相川充(2017).プロセスフィードバックが内発的動機づけに与える影響―制御焦点を調整変数として―教育心理学研究, 65(3), 321-332.

5   Lockwood, P., Jordan, C. H., & Kunda, Z. (2002). Motivation by positive or negative role models: Regulatory focus determines who will best inspire us. *Journal of Personality and Social Psychology*, 83(4), 854-864.

6   Fuglestad, P. T., Rothman, A. J., & Jeffery, R. W. (2008). Getting there and hanging on: The effect of regulatory focus on performance in smoking and weight loss interventions. *Health Psychology*, 27(3, Suppl), S260-S270.

7일 차 강의

1   Nordgren, L. F., van Harreveld, F., & van der Pligt, J. (2009). The restraint bias: How the illusion of self-restraint promotes impulsive behavior. *Psychological Science*, 20(12), 1523-1528.

2   Wegner, D. M., Schneider, D. J., Carter, S. R., & White, T. L. (1987). Paradoxical effects of thought suppression. *Journal of Personality and Social Psychology*, 53(1), 5-13.

3   Christakis, N. A. & Fowler, J. H. (2007). The spread of obesity in a large social network over 32 years. *The New England Journal of Medicine*, 357(4), 370-379.

4   Giné, X., Karlan, D., & Zinman, J. (2010). Put your money where your

butt is: A commitment contract for smoking cessation. *American Economic Journal: Applied Economics*, 2(4), 213-225.

5   Muraven, M. (2010). Building self-control strength: Practicing selfcontrol leads to improved self-control performance. *Journal of Experimental Social Psychology*, 46(2), 465-468.

미루는 사람을 위한
실행의 기술

1판 1쇄 인쇄 2026년 3월 17일
1판 1쇄 발행 2026년 3월 30일

지은이 토야마 미키
옮긴이 정지영

발행인 양원석 **편집장** 권오준 **책임편집** 김희현
디자인 남미현, 김미선 **영업마케팅** 조아라, 박소정, 김유진, 원하경, 정민지
해외 저작권 임이안, 안효주

펴낸 곳 ㈜알에이치코리아
주소 서울시 금천구 가산디지털2로 53, 20층 (가산동, 한라시그마밸리)
편집문의 02-6443-8846　**도서문의** 02-6443-8800
홈페이지 http://rhk.co.kr
등록 2004년 1월 15일 제2-3726호

ISBN 978-89-255-6960-4 (03190)